人をつくる読書術

佐藤 優

青春新書
INTELLIGENCE

まえがき

最近、教養という言葉がよくとり上げられる。ただし、教養とは何かと問われて、一言で説明するのは難しい。私であれば次のように説明する。

「教養とは、想定外の出来事に適切に対処する力である」

それまで経験したことのない状況や出来事に対して、どう判断しどう行動するか。単に知識の断片があるだけでは対応できない。情報力、洞察力、想像力、分析力、判断力など、その人の全人格、能力が試され、「総合知」が不可欠になる。それがすなわち教養だと私は考える。

私の場合、2002年の鈴木宗男事件が想定外の出来事だった。私と鈴木氏は東京地検特捜部に逮捕され、検察と外務省がリークする情報によって弾劾された。北方領土交渉に関して、「四島一括返還」の国是をねじ曲げ、歯舞群島と色丹島のロシアから日本への引き渡しをまず実施する「二島先行返還」外交を進めたというのだ。

このような非難が誤解に基づくことは、拙著『国家の罠――外務省のラスプーチンと呼ばれて』（新潮文庫）に詳しいので、この場では繰り返さない。検察の意に従わなかった私は、結局512日間、拘置所に勾留されることになった。

拘置所で役に立つのは学歴でも肩書でもカネでもない。勾留中は接見等禁止措置がとられて弁護人以外との面会、文通ができず、新聞購読も禁止された。頼りになるのは自分自身のそれまでの経験と読書などによって蓄積した知識だけで、そこから新たな解と行動を導き出す必要があった。

私はできる限り冷静に自分の置かれている状況、立場を理解することに努めた。まず私の取り調べ担当検察官と話をする中で、さまざまな情報やヒントを得ることができた。また、獄中では新たに220冊の本を読んだ。

その結果、私は自分が国策捜査の中、国家と検察のストーリーを完結させるために逮捕されたということを理解した。具体的には、北方領土問題で活躍していた鈴木宗男氏を収賄の容疑で裁くべく、その証拠として一緒に活動していた外交官、佐藤優から相応の証言を得るというシナリオである。

鈴木氏を排除しようとする力が働いたのは、時代の流れが大きく変わったという要因が大きい。わが国の政策の基本路線は、それまでの「ケインズ型公平分配路線」から「ハイエク型傾斜配分路線」に変わった。また外交的には、「国際協調主義」から「排外的ナショナリズム」へと転換した。

簡単にいうと、鈴木氏を巡る権力闘争の背景には、国際競争に打ち勝とうとする日本という国家の路線変更（パラダイムシフト）があったわけだ。鈴木氏は北海道出身議員として地方の利益を考えて再分配を行い、国際協調を基本路線にしていたので、当時の小泉純一郎政権がつくろうとしていた時代の流れと衝突した。

権力は時代の流れをつくるために、時としてそれに反する人物を攻撃し排斥する。鈴木氏も私も、前時代のいわば先頭を走っていたために格好のターゲットとなったのだろう。いずれにせよ、私は鈴木氏のためにも、また自分の良心に背かないためにも、検察の言う通りにはならなかった。

このような経験があるので、私は２０１８年11月に逮捕された元日産会長のカルロス・ゴーン氏に同情的だ。私は『東京新聞』朝刊に「本音のコラム」という連載を持っているが、２０１８年12月14日に「ゴーン氏への公開書簡」と題する寄稿をした。

在東京拘置所、カルロス・ゴーン様

私は、作家の佐藤優と申します。02年に北方領土絡みの鈴木宗男事件に連座し、東京拘置所の独房に512日間勾留されました。当時、私は四島一括返還の国是をねじ曲げた国賊と非難され、「外務省のラスプーチン」と揶揄されました。検察庁と外務省の一方的なリーク（いずれも国家公務員の守秘義務違反という違法行為です）によって、私に関し、極悪人というレッテルが貼られました。今、あなたが置かれている状況が私には他人事と思えないのです。

私は勾留中、接見等禁止措置がつけられ弁護人以外との面会、文通ができませんでした。新聞購読も禁止されました。ただし、工夫をすれば弁護人を通じて獄中からでもメッセージを出し、寄稿することもできます。勾留中に北方領土問題に関する私の手記が月刊誌『世界』（岩波書店）に掲載され、それにより有識者の認識が少し変化しました。新聞もテレビも媒体です。あなたから発信がなされれば、その情報は伝わります。その積み重ねによって状況は変化します。日本国民は、良識を持っています。あなたの発信する情報と、検察の主張を比較して、公正な評価をします。

冬場の独房生活は寒さとの闘いです。健康に留意してください。筋を通すゴーンさんの生き方を私は尊敬しています。

筋を通していれば、必ずチャンスがやってくるというのが私の経験則だ。私にとって2018年最大のニュースは、11月14日にシンガポールで行われた日露首脳会談だった。会談の内容は公表されていないが、北方領土交渉に長年従事した私には、実態が手にとるようにわかる。

安倍晋三首相とロシアのプーチン大統領は、ソ連が歯舞群島と色丹島を日本に引き渡すことを約束した1956年の日ソ共同宣言を基礎に北方領土問題の最終的解決を決断したと私は見ている。具体的には、歯舞群島と色丹島が日本の主権下、国後島と択捉島がロシアの主権下にあることを確認し、両国の国境線を確定する。

国後島と択捉島に関してロシアは、日本のみを対象にした簡易手続きによる渡航、経済活動などを認める特別の法律をつくる。これによって、歯舞群島、色丹島の二島が日本に返還され、漁業資源の豊かな二島の周辺海域が使えるようになり、現在ビザなし交流で認められた少人数を除いては渡航が認められない国後島と択捉島を日本人が訪問できるようになる。所与の条件下、安倍首相は日本の国益を極大化する決断を行った。

かつて鈴木宗男氏と私は、北方領土の四島一括返還をねじ曲げた国賊だとマスメディアから徹底的に弾劾された。それが、17年たって安倍政権の下で二島返還プラスα論としてよみがえった。「ならば、なぜあの時」とも思うが、北方領土問題解決の捨て石になったと考えれば納得できる。

不器用ながらも筋を通してきたからこそ私は生き残ることができた。筋を通すには、思索によって状況を解釈し、自分なりに価値判断ができていなければならない。それを可能にしたのが獄中での読書体験であり、さらにそれまで蓄積してきた知識や知恵、すなわち中学生以降の読書体験や出会った人たちからの感化であったと思う。

本書にはその過程とノウハウを盛り込んである。それは、佐藤優という職業作家が誕生する過程について語ることでもある。

本書で伝えたかった重要な事柄は二つある。よい本を読み、よい友人を持つことだ。具体的にいえば、中学生から30代前半までに出会う人生の先達からは大きな感化を受ける。それによって知的関心が広がり、読書の質が向上する。すると、さらに多くの人と深い部分でつながることになる。それは人格の土壌を形成し、やがて豊かな実をつける栄養源になるだろう。つまり、人生を力強く生きる最大の力になる。

国家権力という強大な力にほとんどすべてを奪われながら、何とか土俵際で残った私の人生は一つの参考になるだろう。権力はさまざまなものを奪ったが、結局は若いころから私が身につけてきたものと、その中で得た最良の友人たちを奪うことはできなかった。本書によって、この経験を一人でも多くの方に共有してもらいたいと私は考えている。

本書を上梓するにあたってはライターの本間大樹氏、青春出版社プライム涌光の岩橋陽二氏にたいへんにお世話になりました。どうもありがとうございます。

2019年1月13日、曙橋の自宅（東京都新宿区）にて

佐藤優

人をつくる読書術——目次

まえがき——3

第1章 作家をつくる本の読み方

作家になったのは裁判費用を稼ぐためだった——20
著作で周囲への説明責任を果たす——21
外交官は大使のゴーストライター——24
わかりやすく、正確に書くことが一番難しい——26
公文書を読んでもらうにも〝見出し〟が重要——27
文体を真似ることで自分の文体ができる——28

表現力を鍛えるには「とにかく書く」——30
表現すべきことを見つける方法——31
読書量が多い人ほど言葉を上手に操れる——32
限られた時間のなかで読むべき本とは——34
〝三つの読み方〟を使い分ける——35
速読は絶対に読み返さない覚悟で——37
超速読は読むべき本の仕分けに使う——39
アウトプットしたければ良質なインプットを——40

第2章

外交官をつくる本の読み方

エリート官僚こそ小説を読む必要がある——44
教養のない官僚は必ずどこかで行き詰まる——46
〝外国人が好きな日本文学〟を読んでおく——48
ロシアへの興味を引き出してくれた一冊の本——49

古典にはその国の「内在的論理」が詰まっている――51
神話にはその国民の「潜在意識」が反映されている――53
教科書は基礎教養をつけるのに最適――55
目的によって情報の取得方法は異なる――57
大型書店の書店員は本の〝コンシェルジュ〟――58
基本書は奇数冊購入して多数決をとる――60
スパイ小説で人を見抜く力が磨かれる――61
『カラマーゾフの兄弟』で重層的なものの見方を学ぶ――63
外交官は神学を学ぶための〝寄り道〟――65
外交官としての覚悟につながった「召命」の考え方――67
深い教養がなければ海外の要人とは渡り合えない――71

第3章

人間をつくる本の読み方

本の面白さを教えてくれた一編の小説――76

身をもって感じた自然主義文学の本質――78
中学時代の濫読が人格のコアをつくった――81
思想・哲学を入り口にマルクス主義に出会う――84
「理解できない本」を読まなければ読書力は上がらない――85
キリスト教とマルクス主義の狭間で悩む――86
聖書を読み込むことで思考の深さや幅が生まれた――89
数学の奥深さに気づかせてくれた塾の先生――91
若いうちは多角的な読書を心がける――93
本と現実の〝答え合わせ〟が必要――94
「本を読む順番」を間違えてはいけない――96
聖書は西洋の歴史や文化への入り口――98

第4章

教育者をつくる本の読み方

受けてきたものを若い人に還元する――102

忘れられてしまっている「丸暗記」の大切さ——103
幼少期の親の教育が子どもの運命を変える——105
幼児期の内的体験が多い子どもは伸びる——108
一番効果がないのは〝読書の押しつけ〟——110
大学入試制度改革で勉強の仕方が一変する——111
学力に直結する「自己コントロール力」——113
ゲームやスマホはできるだけ遠ざける——116
若くして依存症になってしまう時代——118
今こそ知っておきたい「音読」の効果——119
学力とは体験や人間関係も含む総合力——121
ますます高まっていく数学力の重要性——123
論理学を知らないと世界のエリートとは戦えない——125
哲学とは思考の「鋳型」である——127
型を知ると「型破り」な人間になれる——129

第5章

教養人をつくる本の読み方

「通俗本」は専門書に挑む前の重要なステップ――134
私が影響を受けた通俗本――136
戦前、戦中を象徴する一人の思想家――138
国家にとって都合がよかった田辺の理論――140
危険思想を知ることで知的免疫力がつく――141
補修されるべき戦前と戦後の思想的断裂――143
日本人の知的レベルは50年前より落ちている――145
ミステリーやSFは思考を補強してくれる――147
専門書4割、エンタメ本6割でちょうどいい――150
今の漫画のクオリティを侮ることはできない――151
『うずまき』が描く出口のない世界――154
女性作家の小説は時代を鮮やかに切りとる――156
ヒット作は時代の変化を先駆的に象徴している――158

自己愛の強い時代を象徴する恋愛小説――160
Vシネ作品は裏社会の現実を教えてくれる――161
国家とアウトローの世界は本質的には同じ――163

第6章

キリスト教者をつくる本の読み方

私をキリスト教へと導いた母の実体験――168
自分の中の「悪」を意識したきっかけ――170
罪悪感に苦しむ私を救ってくれたもの――172
人が人を救うことはできるのか――174
一人旅で『塩狩峠』の舞台を訪ねる――176
聖書に書かれた「自己犠牲」の本当の意味――178
信じることの重さを教えてくれた一冊――180
『沈黙』に見る価値観の相対性――182
キリスト教を客観的に見ようとしていた高校時代――183

宗教と資本主義は人類に幸福をもたらしたのか――185
労働者、従業員の賃金がつねに抑えられるカラクリ――187
自分こそ正しいと考えた瞬間に思考は停止する――189
神は人間がつくり出したフィクションなのか――191
神学の深さと面白さを再確認する――193
神学とキリスト教を救った「弁証法神学」――195
実践的なフロマートカの神学――197
ドストエフスキー解釈に見るフロマートカの思想――199
最も深い困窮の果てに神は現れる――201
一見そうとは思えない場所にこそ神性が宿る――203

企画協力　本間大樹
カバー写真　Shutterstock
帯写真　坂本禎久
本文DTP　センターメディア

第1章

作家をつくる本の読み方

作家になったのは裁判費用を稼ぐためだった

私が本格的に作家の道を目指すことになったのは、北方領土絡みの鈴木宗男事件で逮捕され、512日にわたり東京拘置所で勾留されるという特殊な事情があってのことでした。この一連の体験が私を作家へと導いたのです。それまで、職業作家になりたいと考えたことは一度もありませんでした。

まず、長期間におよぶ勾留生活、その後の裁判を闘い抜くにはある程度の収入が必要でした。当時私はまだ外務省に属していたので、起訴休職という扱いで給料は本俸の6割が支給されることになっていました。といっても額としては16万円くらいですから、かなり厳しい状況です。人の支援に頼り切ることは私の主義ではないため、なんとかして自力で稼がなければなりません。

公務員には兼業禁止規定というものがあります。ただし、唯一の例外が執筆による副収入です。これは憲法上の「表現の自由」を保障するという意味があり、届け出さえきちんとすれば、執筆活動による副収入は認められていました。

ですから、作家になることでしか経済力を確保する手段がなかったのです。書かざるを得ない経済的な事情――。これが作家として活動を始める動機の一つでした。

著作で周囲への説明責任を果たす

もう一つの動機は、後輩や部下たちに事件の経緯と事実を書き残しておく必要があったからです。特に私が省内で立ち上げたインテリジェンスチームのメンバーには多大な不利益をもたらしてしまった。彼らに何も説明しないのはあまりにも不誠実です。

私自身は身に覚えのない罪で逮捕され、勾留されたのですが、部下たちは事件の全体も、その詳細もわからないまま。私が知り得る限りの事実と、事件に対する私なりの解釈を彼らに伝える義務がある。そこで備忘録を残そうと考えました。

それは当時私を支援してくれていた大学の友人たちなどに対しても同様です。お世話になっている人たちには、感謝の気持ちも込めて事件の経緯と事実を知らせたかった。

ただし、その場合は外交機密に関する部分をカットしなければなりません。省外の人たちに向けて理解しやすいように真実を伝える。そこで誕生したのが、鈴木宗男事件とそれにまつわる国策捜査の真相を描いた『国家の罠　外務省のラスプーチンと呼ばれて』でした。これは２００５年に新潮社から刊行され、同年、第59回毎日出版文化賞特別賞を受賞しました。

その後、ソ連邦の改革から崩壊を描いた『自壊する帝国』を同じく新潮社から刊行し、これが第5回新潮ドキュメント賞、第38回大宅壮一ノンフィクション賞を受賞。本格的な作家活動を開始することになりました。

作家としての力量を考えたとき、私以上に才能のある人はたくさんいます。その私が今日まで十年以上も作家活動を継続してこられたのは、自身に降りかかった特殊な事情や立場という、ある意味での〝運〟があったからだと思います。

実際、『自壊する帝国』は外務省を何事もなくすごして退官したあとでも書けた内容です。ただし、仮に私が逮捕されることも外務省を途中で辞めることもなければ、同じ内容を書いたとしても相手にしてくれる出版社はなかったでしょう。

このように考えると、私が作家を生業としてこられたのはさまざまな出来事のめぐり合わせやタイミングによるものです。それから私の作品を評価し、世に押し出してくれた出版関係者、編集者の人たちとの出会いが大きい。自分一人の力ではなく、運と縁が重なり合った結果だと考えています。512日間の勾留の間に作家としての準備をし、その後満を持して作家としてデビューしたと思われるかもしれませんが、そんな状況下では、自分が作家として世に出ることなど思いもよりませんでした。

そもそも、東京地検特捜部に捕まって社会的によみがえった人は、それまでほとんどいませんでした。政治家として復活した人は、稀有ですが存在します。1994年のゼネコン汚職事件に絡み東京地検特捜部に逮捕された中村喜四郎衆議院議員です。2003年に実刑が確定し衆議院議員の職を失いましたが、2005年の総選挙で復活、現在も議員活動を続けています。

ただし、国会議員、政治家という特殊な立場だからこその復活劇であり、一般の人が同じことをするのは難しいでしょう（中村議員の社会的な影響力は失われてしまいました）。

田中角栄元首相も選挙には当選し続けましたが、ロッキード事件の一、二審で有罪判決が言い渡されたため、社会的にはやはり贈収賄の罪を犯した人というイメージがつきまといました。政界には影響力を維持していたものの、表舞台での輝きは失われました。

まして、当時の私は一介の中堅官僚にすぎません。再び社会の日の目を見るなど想像すらしていませんでした。

外交官は大使のゴーストライター

ただし、99%が運の力だとしても、それを生かせるかどうかは1%の実力にかかっています。運を生かせる力がなければ始まらないのです。私にその1%の力があったとすれば、それは外務省での仕事が培ってくれたと断言できます。

外務省の仕事の基本は文書をまとめることになります。外交官の各文書は、ほとんどが大使や総領事と外務大臣の公電（外務官が公務で用いる電報）です。たとえば、当時私が出入りしていたモスクワの戦略センター所長であるゲンナジー・ブルブリスと会って話を聞いた場合、「往訪の当館佐藤に対するロシア戦略センター・ブルブリス所長の発言は以下の通り」という形で、あくまでも話者が大使という形で書くのです。

わかりやすくいえば、私の仕事は大使のゴーストライターだったのです。そこにはいろいろな約束事があるため、自発的に編集作業をしなければなりません。仮に大使や日本政府の考えと対立するようなことを相手がいった場合、全体の文脈で判断し、あえて記録に残さない、あるいは書く場合は適宜こちら側の反論を入れなければならないなどのルールがありました。

ちなみに外務省にはA、B、C、D、Eという5つのパターンコードがあり、文書を発信する際にはどのパターンにするかを決めておきます。Aに指定したら総理大臣までいく文書、Bなら外務事務次官まで、Cは局長まで、Dは課長まで、そしてEの場合は担当官だけ。それぞれ文書の読み手が違うのです。

必然的に、パターンコードよって文書の書き方は変わってきます。担当官に宛てた文書であればお互い共有している情報が多いので、文章は要点だけ。意見を交わす場合も結論が先で、お互い率直な物言いになります。

読み手が政治家などになると、文章は簡潔にして読みやすくしながら、しっかり説明しなければなりません。政治家は行政のその分野の専門家ではありません。理解してもらえるように書く工夫が必要になるのです。

私はAやBのパターンコードで書く場合が多かったので、その道のプロではない人が読んでもわかるように書くことを心がけていました。そのときに身につけた経験が、後に作家となるときに役に立ったのです。

わかりやすく、正確に書くことが一番難しい

その際、絶対にしてはいけないことが「ねつ造」です。

著作には、大きく分けて小説のようにストーリーを創造する「フィクション」と、ルポルタージュのように客観的な事実を基にする「ノンフィクション」があります。その分け方でいうなら、外務省時代の仕事は完全にノンフィクションです。

フィクションが粘土細工だとするなら、ノンフィクションは彫刻。フィクションは新たに要素をつけ加えていくことで完成しますが、ノンフィクションは事実を削っていくことで形にします。新たに要素をつけ加えてはいけないのです。

外務省での文書はあくまで事実が基本ですが、削り方によって見え方がいかようにも変わる。そういう文書の書き方が自然に身につきます。もちろん、最初は上司の書いた文書を真似て書いていました。

ですから同じ素材を扱っても、仕事ができる人の文章は印象が強く説得力がある。そして、深い洞察によって近未来に起こりうることを表現できる外交官は評価されました。

公文書を読んでもらうにも〝見出し〟が重要

外務省というお役所の発する文書というと、ずいぶんお堅いものというイメージがあるかもしれません。しかし専門用語ばかりで味気ない文章が読みづらいというのは、政治家であっても同じです。事実を曲げない範囲で、いかにわかりやすく、読みやすく、要点が読み手の頭に入るように書くかをいろいろ工夫しました。

特に工夫したのは見出しです。できるだけ目を引くように、そして段落の内容が一目でわかるように、キャッチーな見出しにしなければなりません。

外務省の幹部に配布する文書には全体の要旨をつけます。そのとき、先が読みたくなるような要旨であれば、数ある文書のなかで優先して読んでもらえるでしょう。

ですから、書籍でいうならライターであり編集者でもあったのです。それが作家となった今、全体の構成や文章の流れ、見出しをつける際などに役立っています。

その意味で、雑誌を読むと文章の書き方の参考になるでしょう。雑誌の記事はなるべく多くの読者の興味を引くよう、さまざまな工夫を凝らしています。見出しのつけ方、文章の流れ、図版のレイアウトなど。編集意図や編集作業を意識しながら読むと大いに参考になります。

文体を真似ることで自分の文体ができる

文章を書く際には、事実と自分の意見を分けることも大事です。特に情報部局での情報（インテリジェンス）分析では、事実関係と意見（＝コメント）を明確に分けていました。客観的な事実関係の表記によって読み手に判断材料を与え、より正しい判断、決断と行動を促すのです。

文体は必要に応じて必然的に決まってくるものですから、これから小説などを書こうと考えている人は、最初から自分の文体を意識しすぎる必要はありません。オリジナルを目指す前に、まず基本的な文体を身につけることのほうが先でしょう。

作家の浅田次郎さんは、原稿が進まないときはいろいろな名作を書き写したそうです。そうしてほかの人の文章や文体を真似することで、行き詰まった状況を打開する。文章が書けるようになりたい人は、自分が興味をもった文章や記事、名作の気に入ったフレーズなどを書き抜いてノートにまとめておくというのも効果的です。

おすすめは中学校、高校の国語の教科書です。国語の教科書にはさまざまな分野の小説やエッセーなど、選りすぐりの作品が取り上げられています。国語の教科書に関しては、中学校も高校もレベルの違いはほとんどありません。しいていうなら高校になると近代文語文が出てくるくらい。中学校の国語の教科書がしっかり読みこなせれば、大学のテキストも読めます。

パソコンを使っているなら、とりあえず名文やいい記事をどんどんコピー&ペーストして名文をストックしていくだけでもいいでしょう。それをあとから繰り返し読んだり、書いたりしてみる。それだけで十分文章の勉強になります。

よくコピペはよくないといわれますが、記録するという意味においてコピペは便利な機能です。よくないのはコピペして安心し、その内容をしっかり理解していないままにしておくことです。理解し自分の頭に入っているのであれば、コピペ自体をタブー視する必要はありません。

表現力を鍛えるには「とにかく書く」

あとはとにかく量を書くこと。一定以上の量をこなすことで質的な変化が生まれます。そういう意味で、外務省時代に大量の文章を書いていたのは大変役立ちました。毎日、原稿用紙で少なくても30枚から40枚くらい。1枚400字として1万2000字から1万6000字くらいでしょうか。

ときに原稿用紙で100枚以上におよぶ場合がありましたが、これくらいになると口述でなければ不可能です。自分で書くのはごく一部で、あとは口述して部下にメモをとらせ、それを書き起こさせます。優秀な部下たちばかりだったのでこういうことも可能でした。

毎日のように文書を一定分量以上書き続けると、書くスピードも当然アップしますし、文章もだんだん上達してきます。いまでも私は30枚であれば毎日原稿を書き続けられます。これが40枚、文字数にして1万6000字を超えるとさすがに毎日はきつい。

原稿を書くスピードも量も人によりますが、訓練することである程度までは向上します。それはとにかく量を書くことでしょう。

表現すべきことを見つける方法

表現するというのは対象化することです。対象化するとは、物事に対して一定の距離を置いて客観視することと同じです。書きたいことがないとか、何をどう書けばいいかわからないという人は、この対象化ができていないことが多いです。

表現したいこと、表現しうることは誰しももっているはず。たとえば将来どんなキャリアを築いていこうとか、結婚はどうするかとか、独身なら老後や倒れたときにどうするか――。生きていくうえでの問題や葛藤、悩みは誰しもあるでしょう。

それを書き出して考察するだけで、自然に文章、表現になっていくのです。たとえば介護が必要な親がいるとして、年間いくらかかるか計算してみる。約5年で500万円以上の金額がかかるとすると、何をどうしなければならないかが見えてきます。そこで政治の問題に関心が向いて、そのことを調べていくと書くネタになるし、自分の今後の行動や活動の方向性も明確になっていく。なかには政治的な運動を積極的に行おうという人が出てくるかもしれません。

物事を対象化することで思考が展開していく。それが意見や意志、行動にまでつながっていき、そこから書きたいこと、書くべきことが生まれていく。その連鎖（＝スパイラル）なのです。

文章教室や文章技法に関する本はたくさんありますが、表現したいこと、表現するべきことをどうつくりあげていくか？　この根本的な議論がほとんどされていません。ポイントは対象化であり、言葉によって思考から意志、行動、表現へとつながる連鎖をつくることだと私は考えます。

読書量が多い人ほど言葉を上手に操れる

結局人間が人間として文化的な生活をしていくということは、言葉をいかに操ることができるかということと同義です。自分の気持ちを知り、整理するのも言葉、自分の思考や意志、思想を形づくるのも言葉。そしてそれを他者に表現として伝える手段も言葉しかありません。

ですから表現には言語力が必要不可欠で、その力をつけるのが読書です。読書で養った読解力と表現力は表裏の関係にあり、読解力以上に表現力を高めることはできません。

若いうちはとにかくいろいろなジャンルの本を多読することをおすすめします。ただ、限られた時間でいかに効率的に本を読むかということを考えると、やはり古典を読むことが一番だという結論になります。

古典といっても、何十年、何百年も前の作品だけとは限りません。私の考えでは、この移り変わりの激しい時代で10年間、読み継がれてきた作品は古典といって差し支えないといえます。具体的には、文庫になって10年間、書店の棚に残っている本です。

また、読書の入り方は間違えないほうがいい。たとえばシュールレアリスムのようなジャンルの現代小説ばかり読むとか、最先端の純文学のような本ばかり読む。あるいは特定の著者の作品だけ集中するのも、かえって視野を狭めてしまう危険があります。

思想哲学でいうなら、いきなりニーチェにハマってしまうケース。かつてはそんな学生がけっこういました。近代ニヒリズムの元祖とも呼ばれるニーチェは、それまでの価値観を覆す意味で刺激的で、魅力的です。ただしいきなり彼のものにハマると、その前後の思想や哲学と素直に向き合うことが困難になります。

時代の流れの中に、ニーチェがあのような思想をもつに至った必然性があります。過去と現在、そして未来という一連の流れを考慮せず、彼の思想や哲学だけを切り取って学ぶことには大きな危険がともないます。

彼が生まれる前のカントやヘーゲルなど思想哲学の歴史と流れ、さらにはキリスト教の歴史など、古典をしっかり基礎として学んだうえで、客観的にニーチェに触れる。それによってバランスのとれた理解ができます。

限られた時間のなかで読むべき本とは

古典のよさの一つに、そのテキストを読んでいる人が一定数以上いるというギャラリーの多さがあります。批評がある程度積み重ねられ、読み方のスタンダードもあります。すると共通の話題として会話のネタにもなる。

私は母校の埼玉県立浦和高校でも教えているのですが、使っているテキストは吉野源三郎さんが書いた『君たちはどう生きるか』です。この本はジャーナリストだった吉野さんが80年前に書いたもので、それが２０１７年に漫画化され一大ブームになりました。

教材で使うのには非常に都合がよかった。というのも、古典でありながら、いまの社会で200万部を超えるベストセラーになるほどの作品はほかにありません。

ちなみに、この本の主人公は旧制中学三年生で15歳のコペル君。コペル君が叔父さんにさまざまな悩みや葛藤を相談するという対話形式でまとめられていて、明確な結論を出すというより、考え方をアドバイスするという体裁です。最後にコペル君の決意がまとめられています。内容的にも面白く、教育的な意味でもふさわしい古典だと判断しました。

こうした古い本に限らず、現代の作家の作品でも内容的に古典的な価値のあるものがいくつかあります。たとえば立命館大学准教授の千葉雅也さんが書いた『勉強の哲学』や、恩田陸さんの『夜のピクニック』などは比較的新しい作品ですが、おそらく今後10年以上は読み継がれる古典になるでしょう。

〝三つの読み方〟を使い分ける

以前からよくいっていることですが、読書には三つの読み方があります。それは「精読・熟読」「速読」「超速読」の三つ。

「精読・熟読」は一字一句、意味をしっかり追いながらじっくり読みます。私の場合は自分の基礎知識や専門知識をつけるための専門書や学術書、書評をするための本、あるいは半年から1年後の仕事に直結する本は精読します。

「精読・熟読」の場合、基本的には3回読みます。まず第1読は線を引きながらの通読、第2読は第1読をふまえての重要箇所の書き抜き。そして第3読で再度通読します。

第1読で使用するのはボールペンやサインペンではなくシャープペン。というのも、再読した際に重要事項が変わって消すこともあるからです。

第2読で重要箇所を囲む分量は全体の10分の1程度に絞り込みましょう。この部分を今度はノートに書き写していきます。すべてではなく、数字や固有名詞、定義がされているような重要事項と、どうしても理解できない事項の二つに絞ります。原稿用紙でいうと50枚程度、文字数なら2万字程度とします。

私が手書きでノートに写すのは、データで保存すると何かトラブルがあったときにデータが消えるリスクがあるからです。バックアップがしっかりとれるのであれば、データで入力してもいいでしょう。データのほうがあとで加工する際も便利だからです。

最後の第3読は目次をもう一度確認して全体の構成をつかんだうえで、その本の結論部分だけを3回読みます。そのうえで最後に通読します。第3読にかける日数は大体3日から4日程度です。

以上が私の「精読・熟読」のやり方です。必ずしもこのやり方にとらわれる必要はありませんが、私の経験上、こうして精読・熟読すればどんなに難解な本でも驚くほど頭の中で整理され、記憶に定着します。

速読は絶対に読み返さない覚悟で

「精読・熟読」を体得すると本の読み方の基礎ができるので、「速読」もできるようになります。この場合の速読は30分くらいで1冊の本を読むやり方です。その後30分ほどかけて読書ノートを作成します。

この速読術のポイントは、内容を100%理解しようという「完璧主義」を捨てること。そして、できるだけ本を読む前に目的やテーマをはっきりさせておくこと。たとえば「この本に書かれている内容が、現代の社会においてどのような意義をもっていて、応用が可能であるか?」というテーマがあれば、その視点で本を読み進め、引っかかるところを重点的にチェックする。

速読では「絶対に読み返さない」という覚悟で読むこと。それだけに精読・熟読とは違った意味での集中力が必要になります。何度も読み返していては、結局は精読と同じことになってしまうからです。

この速読術は特に仕事などで、書籍や記事についてのレポートや紹介文をまとめるときに役立ちます。内容のどういう部分を強調したいか、レポート自体の目的があるはずですから、それを上司に確認するなどしてはっきりさせる。それによって本を読むテーマが決まるわけです。

そうしてテーマを決めたら、とにかくできるだけ速く文字を目で追ってインプットしていきます。目線の動かし方などテクニカルなことに関してはすでに多くの解説書が出ていますから、それらを参考にして自分に最もよい方法を取り入れてください。

私の場合は定規を使い、それに沿って一行ごとに目を上から下に流すことで混乱せずに読み進めていきます。そして気になったこと、重要だと思えることは隣に置いておいたノートにその都度書き込んでいくのです。

こうして1ページを15秒で読めるようになれば、速読はほぼ完成したといっていいでしょう。最初のうちは1ページ1分かかっても、たくさん読んで訓練していくうちにどんどん速くなってきます。

超速読は読むべき本の仕分けに使う

これに対して、「超速読」は1冊を5分くらいで読むやり方です。普通の速読は1行ずつ目で追いますが、こちらはページ全体をざっと眺めて大事なポイントだけ押さえます。気になる部分や目を引く図版などは速読と同じようにチェックしますが、このとき線をいちいち引いていると時間がかかるので、重要だと思う部分をシャープペンでぐるりと囲んでおきます。そのうえでふせんを貼るか、そのページの端を折りたたんでおく。

最後に結論部分をしっかり読む。こうすることで本全体をざっくりと把握するのです。

このような超速読の目的の一つは、「この本が自分にとって有益かどうか」「時間をかけて読むべき本か」を判断し仕分けることにあります。もう一つは、その本の重要箇所にあたりをつけること。この本はこの部分を読んでおけば大丈夫、理解できるという部分をはっきりさせるのです。

「精読・熟読」「速読」「超速読」についてより詳しく知りたい方は、拙著『読書の技法』

を参照してください。

アウトプットしたければ良質なインプットを

言語能力は「読む」「聴く」「話す」「書く」の4つの力から成り立ちます。そして聴く、話す、書くという三つの力が読む力を超えることは絶対にありません。読む力が天井なのです。読む力があればつねによい表現ができるとは限りませんが、よい表現ができる人は必ず正確に読む力をもっているものです。

そのため、私は表現としてのアウトプットの時間以上に、読書などのインプットの時間を確保するようにしています。どんなに少なくても1日4時間は読む時間をとっています。

一日の流れでいうと、朝起きて頭がクリアな状態のときは原稿を書いています。やがて頭が疲れて原稿を書くのが苦しくなるまで続けます。だいたい朝6時くらいから始めて、お昼くらいまででしょうか。

その後、締め切りが特に迫っているものがなければ、午後の時間は資料を整理してそれを読んだり、小説や映画を見たりしてできる限りインプットの時間にあてます。

私の場合、時事的な出来事についてのインプットと、小説や古典のような根元的なインプットに大きく分けられます。何か事件や時事問題がある場合はコメントを求められることも多いので、必然的に時事問題のインプットが増えます。そうしたことがなければ古典や小説などフィクション系のインプットが増えます。

また、一つのことを長時間続けているとその部分の脳が疲れてきます。その疲れをとる意味でも、合間にまったく別のことをしたりします。たとえば趣味である軍用機の模型についての情報を集めたり、漫画を読んだり、ときには数学の問題を少し解いたりします。脳のまったく別の部分が働くので気分転換になり、リフレッシュできる。そしてまた元の作業に移るということを意識的に行っています。

作家としての私がつくられたのは、多分に偶然や運が重なったのですが、そのチャンスを逃さず、作家としてこれまで活動できているのは、これまで述べたような外務省における公務の経験、読書体験、読書の技術があったからです。

もちろん、これがそのまま読者の方に当てはまるかはわかりません。あくまで参考にするにとどめて、自分なりの読み方と表現を確立するヒントにしてください。

●『国家の罠 外務省のラスプーチンと呼ばれて』（佐藤優／新潮文庫）

●『自壊する帝国』（佐藤優／新潮文庫）

●『君たちはどう生きるか』（吉野源三郎／岩波文庫）

●『勉強の哲学 来たるべきバカのために』（千葉雅也／文藝春秋）

●『夜のピクニック』（恩田陸／新潮文庫）

●『読書の技法』（佐藤優／東洋経済新報社）

第2章

外交官をつくる本の読み方

エリート官僚こそ小説を読む必要がある

外交官は膨大な分量の文章を読み、文字を書きます。私がかつてロシアの日本大使館で働いていたときは、1日当たり10万から20万字ほどの文章を読み、前述した通り、日によっては約3万5000から4万字程度の文章を作成していました。

作家になってからも1日約1万2000から1万6000字の原稿をほぼ毎日書き、1日10冊から20冊の本を読んでいます。これは前の章でも説明したとおり、外交官時代に培った力が大きい。ただし、作家になったいまと当時では書き方がだいぶ変わっています。

そもそも、作家というのは面白いと思ってもらえる文章、興味をもってもらえる文章を書かなければなりません。それに対して、外交官の目的は国家の政策決定者に必要な情報を提供することですから、ときには読み手が望んでいない話も書く必要があります。

できるだけ客観的に事実を正確に伝えようとすると、必然的に形容詞を少なくし、事象だけを述べていくスタイルになる。私が特に気をつけていたのが体言止めを使わないようにすることです。体言止めを使うと時制が曖昧になるからです。

たとえば「トランプ大統領がイランの核合意から脱退」という体言止めの文章があったとします。これは「脱退した」のか「脱退しつつある」のか、あるいは「脱退するつもり」なのかはっきりしません。もっといえば、「脱退しない」というまったく反対の意味ということもありうるのです。

逆にいうと、表現を曖昧にしたいとき、ごまかしたいときには体言止めが有効です。よくスポーツ紙の見出しで「誰々が逮捕」とか、「誰々が引退」などと大きく出ていて思わず買って広げると、その下に小さく「か?」と書かれていたなんてことがよくあります。体言止めにすることで購買意欲をかき立てるわけです。

スポーツ紙なら買った方も「まぁいいか」ですみますが、一国の政策を左右する情報が曖昧であっては困ります。ということで、私自身は極力体言止めを使わないようにしてきました。自分が書く場合だけでなく、文章を読むときもその点には注意しています。

そもそも、外交官に限らず官僚というのはリアリストの集団で、必要な情報、有用性の高い情報にしか興味を示しません。記憶力も要領もいいので、たくさんの情報をインプットしていますが、自分の仕事に関係する情報が中心です。

ですから、官僚はその頭脳の優秀さに比べると、教養という点では不足している人が多い。歴史や文化に関しても直接仕事にかかわらないものは読まないし、まして小説など、はなから無駄だと考えているのではないでしょうか。

しかし、実は小説というのは非常に情報量が多いのです。私も大学時代、神学の勉強が忙しくなって小説を読まなくなった時期があります。しかし、社会人になって再び小説を読み出すと、情報源として非常に役立ったし、何より面白い。よい作品は言葉が生きています。小説は言葉の使い方の勉強にもなるのです。

小説の効用については追って詳しく触れますが、その点で小説を馬鹿にして読まないような官僚には、どこかで限界が訪れるように思えます。

教養のない官僚は必ずどこかで行き詰まる

面白いのは、トップに立つ官僚や政治家は例外なく教養人だということです。歴史や地理、宗教や文化に詳しく、古典の小説もたくさん読んでいる。また、芸能や音楽なども通暁している。そういう素養が根本にあるからこそ深いところで人間理解ができるし、組織をまとめるリーダーシップが身につくのです。

特にインテリジェンスに従事する外交官にとって、こうした基礎的な教養は必要不可欠です。たとえば外国の要人や外交官と食事をしたときには、仕事から離れてさまざまなテーマについて話すことになります。そこで相手が夏目漱石や森鷗外の話をしたとき、作品を読んでいなければ会話になりません。「日本の外交官なのに母国の古典を知らないのか？」と、一段下に見られてしまう。

日本の場合は偏差値教育の弊害からか、黙っていてもそのような知性や素養が身につくわけではありません。一応古典や文学も習いますが、ほとんどが受験のための勉強です。大学受験が終わったらきれいさっぱり忘れてしまうでしょう。

せめて大学に入ったら自由な時間の中でそのような知性を身につけたいものですが、いまの大学教育は就職予備校化していて、実用的な知識、情報を重要視しています。結局、知性も教養もほとんど身につけていない人間が外交の表舞台に立ってしまうということになるのです。

〝外国人が好きな日本文学〟を読んでおく

一方、諸外国のエリート教育は徹底しています。たとえばロシアの場合、その勉強量は半端なものではありません。外交官だったとき、私はモスクワ大学の哲学部で神学・宗教哲学を教えており、そこでロシアにおける学生の猛勉強ぶりを目の当たりにしました。

驚くべきは彼らの読書量とスピードです。彼らは1日に学術書なら500ページ、小説なら1500ページを読んでしまいます。大学で学ぶまでに彼らは速読術を身につけているのです。誰かに習ったのか、あるいは中学、高校から膨大な読書量をこなすうちに自然に身につけたものかはっきりしませんが、とにかく読む力がすごい。

当然ですが、彼らの教養は自然科学から社会科学、人文科学まで広範囲で、なおかつ深いのです。残念ながら、外交官試験ばかりに気をとられていた日本の若い官僚が立ち向かえる相手ではありません。

ですから、外務省で情報分析チームを率いていたとき、私は若い連中にまずロシアのエリートたちと戦える教養を身につけさせるべく読書会、勉強会を主宰しました。まず古今東西の古典を読む。ロシア語など外国語の習得も大事ですが、基礎的な教養がインテリジェンスの分野で仕事をする人間には不可欠なのです。

まず大切なのが己を知ること。そのためには自国の代表的な古典を読むなどして、国の歴史や文化、芸術に関する知識を増やします。具体的には『古事記』や『日本書紀』『今昔物語』から始まり、『源氏物語』や『太平記』『平家物語』などの歴史的古典を読む。江戸時代なら近松門左衛門や松尾芭蕉などの文芸作品、明治に入って夏目漱石や森鴎外などの代表的な作品があります。

戦後であれば太宰治や坂口安吾などの無頼派から三島由紀夫、安部公房、それから最近の作家であれば村上春樹の作品などは最低限読んでおくことが大事でしょう。これらの本は日本に関心を持つ外国人エリートが好んで読んでいることが多く、話題にのぼることも多いからです。

ロシアへの興味を引き出してくれた一冊の本

中学1年生の夏まで、私はアマチュア無線に熱中していました。いまになってみると不思議な縁としか言いようがないのですが、そこにロシア語のラジオ放送が聞こえてくることがよくありました。それで意識的か無意識かはわかりませんが、書店で偶然手にとったのがショーロフというロシアの作家の『人間の運命』という本です。

第二次大戦中にドイツ軍の捕虜になった主人公が、数年後故郷に戻ってきます。小説の中では明示されていませんが、ドイツ軍の捕虜になったためにスパイ容疑がかけられて、強制収容所に入っていたのだと思います。家族はみんな戦争で死んでしまい、一人悲憤し飲んだくれる毎日。偶然会った戦災孤児に「私がお前の父親だ」とウソをつき一緒に暮らしはじめる。だんだん子どもは実の父親でないことに気がつきはじめるなか、どうやってその子を傷つけずに父親として生きるか悩む――。

そんなストーリーでしたが、非常に感銘を受け、そこからロシア文学にのめり込んでいきました。ショーロフ、ドストエフスキー、トルストイといった古典の名作から、ワシリー・シュクミンやミハイル・ブルガーコフといった現代作家まで、ロシア文学を読みあさりました。

この読書体験が、のちのソビエト、ロシア外交の仕事に大きく役立ったことはいうまでもありません。インテリジェンスに携わる人間にとって、相手の国や民族の歴史、古典とされる文学作品はまず押さえておく必要があります。期せずして、私は早くからそのような手続きを踏んでいたわけですが、私の下についた若い情報分析官の多くはロシア文学も満足に読みこなしていなかった。まずそこから始める必要がありました。

古典にはその国の「内在的論理」が詰まっている

インテリジェンスの世界では、利害が対立する国や地域、組織や集団についての知見をもっていることが大前提になります。それには相手の言葉だけでなく、歴史や文化、思想や宗教などの基本的な思考の形態、判断・行動の基準を知ることも含まれます。

これを私たちの世界の言葉で、相手の「内在的論理を知る」といいます。集団には、判断や行動を規定する何かしらの価値基準、思考のアルゴリズムがある。まずそれをつかみ取ることで相手の反応や行動を予測し、理解できるというわけです。

これは「彼を知り己を知れば百戦殆《あや》うからず」という孫子の言葉そのものです。こう書くと当たり前のようですが、えてして私たちは敵を憎むあまり敵を知ろうとしない。目をそらして無視してしまうのです。相手の内在的論理がわからないから、相手の行動が理解できないし予測もできない。そして余計な猜疑心や恐怖心、憎悪だけが大きくなるのです。

インテリジェンスの仕事は戦争に負けないことが第一次的目的です。そしてそれに次ぐ目標が、できる限り戦争をせず、いかに自分たちの組織に有利な方向で関係を保つかということです。

いずれにせよ、まず相手とその内在的論理を知らなければならない。そのためには相手の歴史や文化、すなわち過去から現在まで積み上げてきたものを十分に理解しておくことが絶対的に必要になります。

この考え方の前提にあるのが、人間は社会的な動物であると同時に歴史的な動物であるという認識です。すなわち、どんな人間もその思考、行動様式は過去から現在に至る文化、歴史によって形づくられている、誰もが過去の影響を受けていると考えます。

諸外国のインテリジェンス機関はこのことを徹底して認識し実践しています。戦前、陸軍兵務局防衛課の大坪義勢大佐は、某外国大使館が『古事記』や『日本書紀』『源氏物語』『平家物語』などの日本の古典を大量に購入していることを知り、いよいよ本格的なインテリジェンス活動が始まったことを危惧したと書いています（『秘密戦の真相と防諜の要領』）。

日本の歴史や国体を知ることで、より巧妙に共産主義思想を日本に広めようとしているのではないかと恐れたわけです。実際、その後1941年にゾルゲ事件が起き、リヒャルト・ゾルゲを中心にしたソ連のスパイ網が日本の政治中枢にまで入り込んでいることがわかります。ゾルゲは日本の古典をよく読み、日本人の内在的論理を知り抜いて近衛文麿の側近である尾崎秀実にしっかり食い込んだのです。

神話にはその国民の「潜在意識」が反映されている

国際化が叫ばれている昨今、一般の人たちも諸外国の人たちと交流し、ときにはお互いしのぎを削らなければならない時代です。英語などの語学力も必要ですが、本当に必要なのは、自分たちがどういう存在であるのかというアイデンティティを明確にすることです。それがなければ本当の意味での交流は難しい。そのためにはまず、自国の文化や歴史を知ること。古典を読むことです。

そのなかでも特に、神話を読んでおくことをおすすめします。神話には民族の潜在的な意識、ユングのいうところの集団的無意識が盛り込まれています。たとえば『古事記』では、最初にイザナギとイザナミがそれぞれの体の違いに気づき、それを補おうとして国造りが始まります。このことから日本という国はもともとオープンで素朴な気質がある。男女の差別もないし、補い合い睦み合うという平和な関係が基本にあることがわかります。

私の場合、『太平記』に特に感銘を受けました。南北朝の動乱を描いた作品ですが、勝者だけでなく敗者の視点からも描かれている。重層的な歴史解釈がとても斬新な書物です。私はこの本を鈴木宗男事件に連座する形で512日間拘置所に留め置かれたときに読んだのですが、まさに敗者、裁かれるほうの理論を描いているので、とても慰められ、勇気づけられた記憶があります。

日本人のマインドのどこかに敗者の美学、滅亡の美学、もっといえば死の美学がある。『平家物語』にも『太平記』にもそれはあり、武士道における切腹や討ち死に、さらに第二次大戦での玉砕や特攻といった日本人特有の精神構造にまでつながっています。

私たちの精神構造や思考パターンを読み解くには、やはり過去の歴史、古典に立ち返らなければなりません。なぜなら私たちは否応なしに過去から連綿と蓄積した時間、すなわち歴史の中に生きているからです。

教科書は基礎教養をつけるのに最適

一方で、難解な古典に向き合うには多くの時間が必要になるという問題があります。そこで私がここでも推奨するのが、高校の教科書や参考書を読むことです。現代文であれば主要な小説や評論が取り上げられているため、これを読むことで近代以降の文学を網羅的にふれることができます。

特に国語便覧には日本の文学系譜が体系的にまとめられています。島崎藤村や田山花袋、国木田独歩などの自然主義文学と夏目漱石、森鷗外らの反自然主義文学。大正時代に入って谷崎潤一郎や佐藤春夫などの耽美派、武者小路実篤や志賀直哉などの白樺派、芥川龍之介や菊池寛、山本有三などの新現実主義――。近代文学のおおよその全体像がわかります。

高校教科書が有用なのは、歴史や地理、政治経済などの分野でも同様です。教科書や参考書を読むことで、その基本を効率的に身につけることができます。

私が推奨するのは文英堂のシグマベストシリーズ。特に『理解しやすい政治・経済』は、現代政治・経済の基礎知識を身につけるのに非常に優れたテキストです。教科書だと詳しい解説が足りないこともありますが、学習参考書は詳しく解説されていて非常に参考になります。

たとえば、「民族」の定義はアカデミズムでも諸説分かれていて複雑ですが、『理解しやすい政治・経済』では、「民族の定義は多義的である」としたうえで、「①伝統的な生活様式という文化（言語、宗教、歴史、伝統などを含む）の共有に基づいて他の民族と区別されるし、②それに『われわれは何人である』という主観的な『われわれ意識』が加わる、という特徴がある。したがって、民族形成は長期にわたる過程を経ているし、今後も変動する流動性をもつとされる」（同書304ページ）というように、見事にさまざまな見解を折衷した定義をしています。

教科書や学習参考書をカバンに入れておき、行き帰りの通勤時間や就寝前の1時間を読書にあてる。それだけで基礎教養が驚くほど身につきます。

ちなみに私は日本とロシア、イギリスの教科書を比較したことがあります。各国の教科書を比較研究することはインテリジェンスの基本なのです。

ロシアの歴史教科書は上下巻1400ページにもなる膨大なものです。これをロシア人は日本の高校2年に当たる義務教育の期間までに学びます。内容は日本の大学における教養課程くらいまでのレベルで、彼らはこれを暗唱するほど読み込むのです。

学ぶ内容やその記述内容によって、その国の教育レベル、基本姿勢が手にとるようにわかります。他国の内在論理を知るには、その国の教科書を読み解くことが一番の近道です。外国と比較してわかるのは、日本の教科書は中学校までは比較的平易なものの、高校になると急にレベルが高くなる。ここに義務教育と高校教育の明確な線引きがあります。

目的によって情報の取得方法は異なる

インテリジェンスの世界では、情報を得る方法、手段によっていくつかの種類に分けて考えます。まず「ヒュミント」は人から得られる情報で、人と会って、人の口から直接得られるものです。「オシント」は公開情報諜報のことで、新聞や政府刊行物などの媒体から情報をとる活動です。軍事情報に関しては通常公開しないのでオシントは使えませんが、非軍事部門の諜報活動の大半はこのオシントによります。

そのほか「シギント」は電波通信などの傍受から得られる情報です。「ウェビント」はウェブ情報からの諜報活動で、最近はこれが増えています。「ヴィジント」は航空写真や衛星写真などの画像を基にしたインテリジェンスであり、「コリント」は複数の国が協力して諜報活動を行うことをいいます。たとえばアル＝カイーダの情報分析のために米国CIA（中央情報局）とロシアのSVR（対外諜報庁）が協力して情報を共有する場合などです。最近はウェビントが増えていますが、そこから得られる情報は玉石混交なので、つねにその信憑性をたしかめる必要があります。

これらの情報の取り方は、一般の人も日常生活や仕事で活用しているものです。たとえばある人と会う前に、その人がどういう人物かを知り合いに聞いてみたり（ヒュミント）、ネットやSNSなどで情報収集したりすること（ウェビント）があるでしょう。

営業で会社をまわるとき、その会社が現在どのような状況か？　売り上げはどのくらいで売れ筋商品は何か？　事前に相手の会社を調べるはずです。そのときに私たちは意識せずにインテリジェンスの世界でいうところのヒュミントやオシント、ウェビントを駆使しているのです。

大型書店の書店員は本の〝コンシェルジュ〟

たとえば仕事でアラブ諸国に出張が決まり、イスラム事情に関する知識を身につける必要があるとしましょう。過去の私の経験からして、基礎的な情報を得るのにかける時間は30時間くらいがちょうどいいはずです。

出張まで2週間あれば1日2時間、14日で28時間の時間がとれます。その時間を書籍による勉強にあてるのです。私だったら、まず複数の基本書をそろえます。とはいえ、どの本が基本書なのかがわからないという人も多いでしょう。その場合、学者や専門家の意見を聞くのは少し危険です。というのも、彼らは自分の学説などにこだわり、狭い領域での偏った本を紹介する可能性があるからです。

私がおすすめするのは大型書店で書店員に尋ねることです。この人たちは幅広い分野の本についての俯瞰した知識をもっています。東京なら丸善本店、八重洲ブックセンター、ジュンク堂や三省堂といった大型書店です。その専門書コーナーで、書店員に知りたい分野の基本書はどんなものがあるかを聞くのです。

彼らの知識はときに大学教授さえ凌駕する場合があります。そして学者のように一つの説に固執しないのでバランスよくいろんな説や領域の本を紹介してくれる。また売れ筋や、その時代のはやりの論説なども知っています。

基本書は奇数冊購入して多数決をとる

基本書を複数冊購入する場合、私が気をつけているのは偶数冊ではなく奇数冊購入することです。これは、たとえば基本書のなかで見解が分かれたときに、多数決でいずれかをスタンダードとして採用するためです。

複数ある基本書をすべて熟読する必要はありませんが、少なくとも1冊は丁寧に読みます。その1冊を選ぶときは、サッと目を通したときの相性でいいでしょう。読みやすく、頭に入りやすいもの、じっくり読んでみたくなるものという基準です。

私の場合、最初にじっくり読みながら、気になったところ、重要だと思う箇所を2Bのシャープペンで囲んでいきます。2回目はその囲んだ箇所を中心に読んで、本を閉じてその部分が頭の中でしっかり再生できるかを確認します。なかなか再生できない場合は、その部分をノートに抜き書きしていきます。

こうすることで大切な要点をほぼ理解でき、しかも人に伝えられるようになるはずです。どうしても理解できない部分が多い場合は、その理由を自分なりに考えてみます。最も多いのは高校教科書のレベルの基礎知識が不足している、あるいは欠落している場合です。

そのときは躊躇することなく、その分野の高校の教科書を手に入れて勉強し直します。基礎知識を身につけてからもう一度読み返せば、理解力は格段に上がっているはずです。

スパイ小説で人を見抜く力が磨かれる

頭がよくても人間的に豊かであっても、残念ながらそれだけではインテリジェンスの世界で活躍することは難しい。インテリジェンスの世界では、知識や教養だけでなく、他者を上手に欺くなどのさまざまなスキルが必要になるのです。

そうしたことが書かれているのが、ヴォルフガング・ロッツの『スパイのためのハンドブック』。この本は私自身も参考にしました。

ロッツは端的に「ウソをつく能力」「相手を疑う能力」の必要性を説いています。要は適度に悪人になること。善良な人では務まらない仕事なのです。

では、悪人であれば優秀なインテリジェンスの仕事ができるかというと、これもまた違う。情報収集はコミュニケーション力がなければできません。人から警戒されたり敵対されたりする人物は、長期的にはスポイルされてしまいます。

インテリジェンスの世界で活躍するには、対象を突き放して客観的に判断できる能力と、相手との信頼関係を築き、親密な人間関係を築ける能力の二つが必要になります。この二つはときに矛盾するもので、その矛盾を包含できる懐の深さ、大きさが必要なのです。

また、スパイ小説もちゃんとしたものであれば大いにインテリジェンスの参考になります。たとえばジョン・ル・カレの作品は元インテリジェンス・オフィサーだけあって実務に裏打ちされています。『鏡の国の戦争』『寒い国から帰ってきたスパイ』などの小説がおすすめです。

インテリジェンスの汚い部分も含めて描いているという点では、『第三の男』で有名なグレアム・グリーンが一番でしょう。グリーンはオックスフォード大学在学中にドイツ大使館に雇われて対仏諜報活動を行い、第二次大戦のときはイギリスの諜報機関であるSIS（秘密情報部。いわゆるMI6）に所属、西アフリカやイベリア半島での諜報活動を行ったスパイ経験者です。それ以外にも『静かなアメリカ人』や『ヒューマン・ファクター』といった作品があり、スパイや軍隊の現実の世界をリアルに描いた名作です。

これらのスパイ小説を読むことで私自身もインテリジェンスの世界の現実を追体験し、

仕事に生きた部分もあります。読者の大半はインテリジェンスの世界と直接の関係はないでしょうが、これらの本には仕事の進め方や人の見抜き方、対人関係において、大いに役に立つ部分があるはずです。

『カラマーゾフの兄弟』で重層的なものの見方を学ぶ

インテリジェンスとは、つねに相手があって成り立つ仕事です。どんなに勇敢で教養がある人でも、自分の世界が中心の独りよがりな人物には務まりません。その意味で非常に文学と共通点が多いと考えます。

前にも書きましたが、この国で〝頭がいい〟とされる人はすぐに役立つ情報を欲する傾向が強く、客観情報やハウツー的な要素の強い書籍は読むにしても、小説を読む人間が少ない。しかし、インテリジェンスの世界は客観的で冷めた視点と、相手の心を読み、共感し、より深い関係を築くセンシティブでハートフルな部分の両方が必要です。

物事を一つの視点や価値観からとらえるのではなく、つねに重層的、複眼的な視点でとらえなければならない。そのための訓練として、私はよい小説をたくさん読むことが重要だと考えています。

たとえば近代小説の最高傑作と呼ばれるドストエフスキーの『カラマーゾフの兄弟』には、熱血漢で破滅的な性格の長男ドミートリー、無神論者でニヒリストの次男イワン、そしてイエス・キリストのように純真無垢な三男のアリョーシャの3人兄弟が登場します。

さらに3人兄弟の父親を殺した疑いがもたれた下男のスメルジャコフ、イワンが創作した物語に登場する人物で、神について徹底的に一人で語る大審問官、アリョーシャの憧れの神父であり、途中で亡くなってしまうゾシマ長老、そのほかさまざまな登場人物が、それぞれに自分の考えを表明しながら行動します。

読者が誰に最もシンパシーを感じるかは人それぞれでしょうが、さまざまな考え方や生き方が重層的に折り重なるポリフォニック（多声的）な世界に触れるうちに、読んでいる人の思考も次第に重層的、多声的なものに変化していくのです。

複眼的な視点がもてるようになると、コミュニケーションの仕方も当然変わってきます。一面的なものの見方しかできないと、相手の言葉や反応に対して好悪、善悪、是非、可不可といった単純な反応しかできません。

また、相手から何か情報を引き出そうとする場合も、本題にいきなり入ってしまうと、相手に圧迫感や嫌悪感を与えてしまう可能性があります。

複眼的な視点をもてば、物事に対する決めつけが少なくなる。偏見もなく、さまざまな角度から検証できるので、より正確かつリアルに対象を把握することが可能になります。

質問の仕方も単純な一問一答のような形ではなく、自分の欲しい情報を相手が自然に話したくなるように、上手に仕向けることができるようになります。

外交官は神学を学ぶための〝寄り道〟

そもそも、私は外交官になることを早くから志していたわけではありません。いろいろなところですでに話していますが、同志社大学の神学部で共産主義下でのキリスト教と神学に興味をもった私は、チェコのプロテスタント神学、特にヨゼフ・ルクル・フロマートカという神学者に興味をもちました。

フロマートカの神学を正しく学ぶには、どうしても文献だけではダメで、現地の教会の事情などを実際に自分の目でたしかめる必要がある。そこで留学を考えたのですが、当時の共産主義体制のチェコスロバキアにおいて、留学の門戸はほとんど開かれていませんでした。しかし可能性の一つとして、外務公務員専門職員採用試験に合格すれば留学への道が開けることがわかりました。

留学先はプラハのカレル大学で、2年間の留学期間を経てその後はプラハの日本大使館に勤務することになります。研修中も本採用後も手当や給与が出て、しかも勉強できる。本もたくさん買えます。これ以上のよい環境、待遇はないと考えました。

外務省をいわば利用する形でチェコ語を習い、その後は外務省を辞めて研究者の道に進むというのが当時の私のプランだったのです。

運よく試験に合格し、外務省に入省。ところが外務省人事課から指定された研修語はなんとロシア語でした。呆然としましたが、ロシア語はチェコ語と似ているし、モスクワとプラハも近い。留学中も休みの日などに行き来できるかもしれないと考えました。

ところがここでも想定外のことが起きて、モスクワ大学でロシア語を学べると思ったら、なんと留学先はイギリスの英国陸軍語学学校。最初は落胆しました。しかし人生とは不思議なもので、最初は不本意だと思われたことも、あとで考えるとまるで誰かが導いてくれたかのような必然性を感じることが往々にしてあります。

この英国陸軍語学学校への留学によって、私は外交官としてのモチベーションとモラール（志気）を高めることになります。

外交官としての覚悟につながった「召命」の考え方

イギリス留学中も、私はフロマートカの著作を探し求めていましたが、そのなかで一軒の古書店とその主人に出会います。ロンドン市内にあるインターンプレスという店で、ズデニェク・マストニークというチェコスロバキア出身の60代半ばの老紳士が主人でした。

マストニーク氏はフロマートカを学びたいという東洋人に興味をもったのか、さまざまな本を紹介してくれました。そのやりとりから話は大きく展開し、フロマートカだけでなく、トルストイ、ドストエフスキーなどの文学作品や彼らの思想、カント、ヘーゲル、シェリングなどの哲学、プラハの春によるチェコスロバキアとソビエトとの関係、そのなかでのキリスト教の立ち位置など、マストニーク氏との交流は私の知的好奇心を大いに刺激し、満足させてくれました。

なかでも大きかったのが、フロマートカの「召命」という考え方に再び深く触れることができたことです。このあたりの話は拙著『亡命者の古書店　続・私のイギリス物語』に詳しく書きましたが、あらためて紹介します。
フロマートカによれば、「召命」とは呼びかけであるといいます。

召命は個人的な呼びかけである。人間は自分の名が呼ばれているのを聞き、それがまさに自分に向けられていると自分で認識する。召命は神と人間との間の出来事である。神は自ら人間に語りかけ、相手の人間を個人的に名前で呼ぶ。

（『人間への途上にある福音――キリスト教信仰論』新教出版社）

召命については大学生のときに学び知ってはいました。学生時代、私は自分の召命を神学に従事することだと考えていました。しかしあらためて外務省に入省し、遠くイギリスの地でマストニーク氏と再び召命について話をするうちに考え方が変わりました。
さまざまな偶然が重なって外務省に入り、ロシアを担当する外交官の卵になった。そしてイギリスという意外な土地でチェコスロバキアの事情に詳しい人物に出会い、さまざまな教示を受けている。これらの偶然は、何かしらの力が働いているような気がしてならなかったのです。

私はそこで、外務省に入って己の職務をまっとうすることこそが私に与えられた使命であり、召命であると感じたのです。とにかく、いまは行きつけるところまでこの流れに乗っていこう。そしておそらく40歳になるころには、再び神学の世界に戻っているだろう。そのように思いを新たにしたのです。

使命は無条件である。召命を受けた者は、託された使命を進んで行うための条件を設けてはならない。自分の使命にいついつまで、という期限も設けてはならない。使命は生涯続くもので引退も休暇もない。つまり、信徒は使命を人生のあらゆる状況で果たす。……（中略）……召命を受けた者は、いかなる制限も条件もつけずに主に献身する。

（前掲書より）

神学を学ぶ手段としての外交官の仕事は、こうして神の召命による仕事へと自分の中で再認識されました。その後、苛酷な外務省の仕事をこなすことができたのも、目の前の仕事にのめり込むという私自身の元来の性質に加えて、この召命という考えが根本にあったからだと思います。

召命を受けた者は、いかなる制限も条件もつけずに主に献身する。その言葉の通りに仕事に向き合う。徹底的に向き合った果てに、次の課題が見えてくる。そうしたら、またそれに向き合う――。

仕事中毒ともいえる外務省のほかの役人たちから見ても、私の仕事への没入は異常に思われるほどだったかもしれません。その背後には、実は私なりの神や超越的な力との関係性があったものと考えます。それだけに仕事を突き詰めすぎて、その後外務省内の「出る杭」になってしまうわけですが……。

いずれにせよ、外交官になる決意と覚悟を決めた本として、フロマートカの著作は私にとって大きな存在です。フロマートカを通じてマストニーク氏をはじめ、たくさんの人物に出会うことができた。本がいわば共通言語になり、人種も言語も、文化も違う人たちと深いところで交流することが可能になったわけです。その後、私はこのような形で外国人、特にロシアの要人たちとも交流を深めていくのですが、マストニーク氏との交流はまさにその端緒だったといえるでしょう。

深い教養がなければ海外の要人とは渡り合えない

外交官として私が大きく飛躍したきっかけは、なんといってもモスクワの日本大使館に勤務しているときに出会ったゲンナジー・ブルブリスとの交流です。このことはすでに多くの本で触れていますが、外交官という自分を形づくったという意味で、外すことのできない人物です。

当時エリツィン大統領の側近中の側近だったブルブリスこそ、ソ連崩壊のシナリオとその後の社会の青写真を描いた人物です。当然、わが日本大使館もこの重要人物に近づきたいと考えた。ところが特に気難しいことで知られるブルブリスに近づくことができた日本人関係者は誰一人としていませんでした。

そこで私は一計を案じました。ブルブリスが登壇するシンポジウムに私もパネリストで出ることができれば、接近する絶好のチャンスです。そこでまず私はモスクワ大学の講師となることから始めました。やがてある日、私が狙っていたようにシンポジウムの壇上でブルブリスと一緒になることができたのです。

そこで初めてブルブリスと面識を得たわけですが、いきなり仕事の話をするような真似はしません。多くの人は結果を急ぐあまり、いきなり本題に入ってしまいます。しかし、信頼関係が築けていない相手には、心を開いて話をしないことは当然予想されました。ブルブリスのような慎重で気難しい人物は特にその傾向があります。ただし、一度心を開いて相手を認めたら、一気に関係は深く、そして長く続くものになります。

これはロシアに限らず東欧諸国、それに中国や韓国のようなアジアの国でも同じような傾向があります。まず相手に人間的に信頼されること。それがないうちはおいしい話があってもけっして乗ってこないし、大切な情報は教えてくれません。

ブルブリスのことを調べると、キリスト教に造詣が深く、神学にもかなり精通していることが予測できました。そこで私は神学、それも私自身が興味を抱いているフロマートカについて話し、仕事の話は向こうから切り出してくるまで、一切こちらからは持ちかけないことに決めました。

案の定、ブルブリスは神学に深い見識をもっており、こちらの話に乗ってきました。そして神学について熱く語る極東の東洋人に大いに興味を抱いたようです。そしてついには「マサル、君は合格した。以後、私のシンクタンクに自由に出入りしてかまわないよ」とさえいってくれるようになりました。

それ以降、ブルブリスの口を通して、私はさまざまな情報、スクープを得ることができ、それによって外務省の中での自分の立場を次第に確立していきました。

ブルブリスに目をかけられ、長くつき合うことができたのは、神学という私自身にとっても最もコアな学問を身につけていたことが最大のポイントでした。特に外国人と懇意になり、深い関係を築くには宗教や哲学、文学や芸術など、付け焼き刃ではない根本的な素養が大事になります。

それは先にも触れた教養であり、自国や他国の歴史や文化、芸術に関する書物をどれだけ読んでいるか、そしてそれを実際に自分の教養として身につけることができているかが問われるわけです。

●『人間の運命』（ショーロホフ／角川文庫）

●『理解しやすい政治・経済』（松本保美［監修］／文英堂）

●『鏡の国の戦争』（ジョン・ル・カレ／ハヤカワ文庫）

●『スパイのためのハンドブック』（ヴォルフガング・ロッツ／ハヤカワ文庫）

●『寒い国から帰ってきたスパイ』（ジョン・ル・カレ／ハヤカワ文庫）

●『第三の男』（グレアム・グリーン／ハヤカワepi文庫）

●『静かなアメリカ人』（グレアム・グリーン／研究社出版）

●『ヒューマン・ファクター』（グレアム・グリーン／ハヤカワepi文庫）

●『カラマーゾフの兄弟（1〜5）』（ドストエフスキー／光文社古典新訳文庫）

●『亡命者の古書店　続・私のイギリス物語』（佐藤優／新潮文庫）

●『人間への途上にある福音――キリスト教信仰論』（ヨゼフ・ルクル・フロマートカ／新教出版社）

第3章

人間をつくる本の読み方

本の面白さを教えてくれた一編の小説

いまの私は、多くの出会いによって成り立っています。人との出会い、本との出会い、そして本を通じて先人たちの思想や生きざまに触れることも出会いだといえます。

本の面白さを知ったのは小説からで、小説が私の人となりの基礎を築いたといっても過言ではありません。初めて小説の面白さを知ったのは、モーパッサンの「首かざり」（『モーパッサン短篇選』に収録）を読んだときです。

この小説を紹介してくれたのが、中学のときに通っていた「山田義塾」という学習塾の国語の岡部宏先生でした。

母親にモーパッサンの小説を買うと小遣いをねだると、「ずいぶん大人っぽい小説を読むんだね」と喜んでお金を出してくれました。家のそばの小さな書店に行くと、「そんな難しい本はここにはないから大宮に行ったら」と店主がいいました。そこで大宮駅近くにあったとある大型書店で購入したことを覚えています。

帰りのバスの中で「首かざり」を読み終えましたが、読後感はなんともいえないものでした。何かが心に引っかかって離れないような、初めての感覚、不思議な気持ちになりました。それまで私が知っている物語とはまったく違う世界がそこにあったのです。

主人公である美貌の女性マチルドは、安月給の役人と結婚します。ぜいたくな暮らしをして周囲から羨ましがられる生活を夢見ていた彼女でしたが、地味な生活が続きました。そんな彼女に、文部大臣が主催するパーティに招待されるというチャンスが訪れます。

華やかな世界でもてはやされてみたい。それは彼女のかねてからの願いでもありました。しかし彼女には着ていくドレスも身につける装飾品もありません。そこで夫のなけなしの貯金でドレスを購入し、首かざりは友人のお金持ちの婦人から借りることにします。パーティで彼女は衆目を集め大成功に終わる。ところが、マチルドは友人から借りた首かざりをなくしてしまいます。

宝石店で同じような首かざりを見つけ、3万6000フランもするその首かざりをあちこちから借金をしてようやく購入します。そのあとの彼女の人生はそれまでとは一変、ひたすら借金を返す日々が続きます。

10年後、ようやく借金を返し終わったとき、マチルドはすでに普通のおばさんになっていて、昔の美しい面影も華やかさも失われてしまっています。ある日、街を歩いていると偶然首かざりを貸してくれたお金持ちの婦人に出会います。それまでの思いがこみ上げ、思い切って彼女はすべてを告白します。借りた首かざりを実はなくしてしまったこと。返したのは別のもので、その借金のために10年間働き続けたこと、しかしすべてを返済し、いまはすっきりしたこと……。

ところがその金持ちの婦人は驚いて、実はあの首かざりはまがい物で、せいぜい500フランくらいのものだったと告げるのです。物語はここで、釈然としない思いを残したまま終わります。あまり救いがありません。

身をもって感じた自然主義文学の本質

翌週、塾の国語の時間に先生は「首かざり」のあらすじを紙に書かせながら、ボードに「要約」「敷衍」という二つの文字を書き、本を読むにはこの二つが重要だと教えてくれました。要約は話を短くまとめること。すなわちあらすじで、少し訓練すれば誰もが書けるようになる。一方の敷衍は話を広げることで、背景の知識やほかの小説などの知識がなければうまくできないというのです。

私は感想文に「いくつかの描写の情景が目に浮かぶようだ」と書いたところ、先生にどこでそう感じたかと問われました。主人公が借金の返済のためになりふり構わず頑張る描写の部分だと答えると、先生は「よいところに気づいたね」と褒めてくれました。

先生はボードに「自然主義文学」という文字を書き、文学史的に自然主義とは人間の行動に余計な装飾をつけず、リアルに描くことでより本質に迫るものだと説明しました。

モーパッサンの先生で、自然主義文学を掲げたフローベルという小説家は、「情景にふさわしい形容詞はたった一つしかない。それを徹底的に厳選して表現するべきだ」と説いたと岡部先生は話してくれました。過剰な表現、恣意的な表現ではなく、客観的に対象を描く。それによってよりリアルに対象を浮かび上がらせるわけです。

ちょうど時代的に自然科学が台頭し、理知的で合理的な思考が重要視されてきたことが背景にあると考えられます。私自身、中学1年生の夏までアマチュア無線にのめり込んでいたので、モーパッサンの文章は無線工学の本を読んでいるように明瞭でわかりやすいと感じていました。

このように、時代の流れを読み説きながら一つの作品に触れることで、その理解がより深くなるのです。「首かざり」という作品は虚栄心に満ちた女性のおかしくも切ない運命を描いた作品といわれていますが、当時は貴族社会から市民社会への移行期でもある。すると、それまで貴族の生活は雲の上のものだと考えていた一般市民が、お金さえあれば上流社会に食い込むことができるかもしれない。そのような時代でもあったのです。

それだけに、人間の虚栄心や上昇志向がむき出しになった時代といってもいい。身分が固定していた時代は野心を抱かずに暮らせていたものが、そうでなくなったとたん、すべての人が競争原理や上昇志向に取りつかれてしまう……。

作品に描かれているのはそんな時代特有の悲喜劇であり、それは近代から現代までつながる共通した問題でもあるわけです。

では、主人公の女性がもし借りた首かざりをなくさなかったら、あるいはなくしたことを告げて、実は500フランの模造品だとわかったらどうなっていたでしょうか？ 働きづめで借金に追われる生活ではなかったかもしれませんが、もしかするとその後もずっと虚栄心にまみれた生活を送ったかもしれません。上昇志向に取りつかれ、貧乏生活を嘆き、夫の給料の安さを呪い、夫婦関係も破綻していたかもしれない。

借金を何とか返済しようとすることで、主人公は初めて虚栄心を捨て、夫と協力して完済にまでこぎつける。容姿は見る影もなくなったかもしれませんが、むしろ地道でまじめな生活とそれによる満足感を得ることができる。はたして本当に幸せなのは、どちらの生き方でしょうか。

たった一編の小説が、このような背景と解釈の広がりをもつ。その深さにより、一気に文学の面白さに目覚めたのです。これは塾の先生にしっかり教わったことが大きい。もし偶然この小説を手にとって読んだとしても、なんだか腑に落ちない、よくわからない小説という印象で終わり、以後小説には興味がわかなかったかもしれません。

本を読むにはよいガイドが必要です。特に最初のころには導き手が必要です。私の場合は塾の先生がその役を果たしてくれました。そして「要約」と「敷衍」をすること、自然主義など文学の潮流を意識し、時代背景とともに作品を理解することなど、文学作品に触れる際の基本的なスタンスを身につけることができました。

中学時代の濫読が人格のコアをつくった

この国語の先生に読書の面白さを教えてもらったことで、それまで熱中していたアマチュア無線への興味が次第に失われ、読書に重きを置くようになっていきました。

「首かざり」に続いて、太宰治の『晩年』、島崎藤村の『破戒』や田山花袋の『蒲団』、夏目漱石の『こころ』を読みました。いずれも国語の教科書に載っている小説で、先生が解説をしてくれました。中学時代にしっかりした師の下で、作品の価値や本質をとらえる訓練をしてもらったのは非常に幸運だったと思います。

その後、興味は海外の作家、作品へと広がっていきます。自然主義の生みの親であるフローベルやカミュといったフランス文学、ツルゲーネフやトルストイ、チェーホフといったロシア文学などに傾倒していきました。

この時期の私は、塾を終えて家に戻り、夕食をとり、風呂に入ってから自分の部屋の机に向かいました。宿題や課題、予習や復習などを終えて、そこから興味のある小説を読む。寝るのはいつも夜中の3時、4時でした。その習慣が根づいたからか、あるいはもともとの体質なのか、私はいまでも3時間寝れば疲れがとれ、自然に目が覚めます。

小学校のころはアマチュア無線に凝り、どちらかというと理数系に興味があったのですが、小説の世界に入り込んでからはどんどん文科系の方面に興味が向いていきました。とにかく暇さえあれば本を読んでいたように記憶しています。

中学に入ると、知能も精神的な部分も一気に成長します。人格形成期にさまざまな文学に触れることはとても重要です。小説をはじめとする文学の力は、すぐに何かに役に立つという即効性が期待できるものではありません。ただし、ものの見方、考え方を知り、自分の中にさまざまな世界を包含させることで、内面世界を豊かにすることができます。

作物を豊かに実らせるには栄養分の豊かな土壌が不可欠です。特にこの時期に触れる文学作品は、まさに人生の堆肥のようなものだといえるでしょう。栄養分豊富な土から生えた作物は存分に成長します。

あるいは、文学というのは一種の予防接種のようなものかもしれません。作品には多くの魅力的な人物や生き方、考え方ばかりでなく、ときには人間性の卑俗な部分、見たくはない悪の部分も描かれています。実際に直面すると危険がおよぶような状況、人物を疑似体験するわけです。それが抗体のように働くことで、その後の人生に対する免疫力が確実にアップするのです。

最近、精神的に脆く、打たれ弱い若者が多いのは、文学に触れてこなかったせいで、人格の基礎となる土壌がやせてしまっている、あるいは免疫力が弱いということも関係しているのではないでしょうか。

思想・哲学を入り口にマルクス主義に出会う

文学の次に、私の興味は哲学に向かいました。岡部先生にまず何を読めばいいかを尋ねたところ、「大学の教養課程で使うものを1冊読み、あとは中央公論社の出している『世界の名著』シリーズの哲学関係を読んでいけばいい」と指南されました。

そこで大宮にある書店の店員に哲学の教科書としてどれがよいかを尋ねたところ、『世界十五大哲学 哲学思想史』(大井正/寺沢恒信・富士出版)を紹介してくれました。あとで国語の先生に確認したところ、「マルクス主義の視点で書かれているが、全体にバランスがよくとれている」と太鼓判を捺してもらえました。

やみくもに本を読むのではなく、必ず詳しい人に何を読めばいいか指導を仰ぐ。私の場合、塾の先生という最適な人材が近くにいました。そういう人が身近にいない場合は、前にも触れましたが、大型書店や専門書店の書店員に聞く。書店員の知識は非常に豊富で、初心者でも的確なアドバイスが受けられる可能性が大いにあります。

この本を読んでから、私はマルクス主義に興味をもつようになります。そして岩波文庫の『空想より科学へ　社会主義の発展』（エンゲルス）、『共産党宣言』（マルクス／エンゲルス）へと発展していきました。

正直なところ、当時の理解力ではその内容を完全につかんでいたとはいえません。ただし、歴史には法則があり、それにしたがって人類は必然的に進歩、発展していくという考え方はとても新鮮で、思想や哲学の面白さに目覚めたのもこの時期です。

「理解できない本」を読まなければ読書力は上がらない

思想や哲学、特にマルクス主義に大いに興味をもつきっかけになったのが、中学2年生の夏休みに兵庫県尼崎市の伯父さんの家に1カ月滞在させてもらったことでした。その伯父は県会議員を務めていて、社会党左派に属していました。

非常に私を可愛がってくれて、まだ中学生の私に、自分がどんな人生を歩んできたかを教えてくれました。伯父の書斎には『マルクス・エンゲルス選集』（新潮社）、『レーニン全集』（大月書店）、『スターリン全集』（大月書店）、『毛沢東選集』などたくさんの本が並んでいました。

「優君は自由に出入りして、何でも好きに読んでいいからね」という伯父の言葉に甘えて、その夏は毎日朝から晩まで、一心不乱、手当たり次第に本を読みました。おそらく私の生涯の中でも、最も本を読んだ時期でしょう。

ただし、やはりマルクスやレーニンは読んでも意味がほとんどわからない。それに対してスターリンと毛沢東はわかりやすい。ただし、たくさんの難しい本を読むことで、読書力はこの中学2年生の夏で飛躍的に伸びたと思います。

肉体的にも精神的にも、中学生の年代は飛躍的に成長する時期です。この時期に肉体や知性に適度な負荷をかけることができたかどうかで、その後のその人の知的基礎体力が決まるのではないでしょうか。

キリスト教とマルクス主義の狭間で悩む

尼崎に滞在したこの中学2年生の夏休み、私が読書以上に興味をそそられたのが伯父さんとの対話でした。実はマルクス主義の思想に触れる一方で、私にはキリスト教にも大いに関心をもっていました。

というのも私の母親がキリスト教徒であり、子どものころから教会へ礼拝に通っていたからです。私の父はキリスト教徒ではありませんでしたが、母は結婚する際の条件として、教会へ行くのを認めてくれることを挙げていたそうです。

ご存じの通り、マルクス主義は「宗教とはアヘンであり有害だ」と説きます。宗教は思考が未発達な人類のつくり出した一種の幻想のようなもので、それが人類の歴史の発展を妨げるというのです。一方、幼いころから通っていたキリスト教会では、この世は神の意志によってつくられ、すべては神のものであると説きます。人間の力は不完全でむなしいものであり、罪深い人間が自力で努力するほど間違った世界へ迷い込むというのです。

一体どちらが正しいのか？　純粋な少年の気持ちとして、その矛盾をなんとか晴らしたいと考えました。そこで、あるとき尼崎の伯父にそれを尋ねたのです。

「伯父さんは神様がいるとは思わない。もし神様がいるなら、どうして戦争が起きて、罪もない沖縄の人たちや多くの人たちがあんなに殺されなければいけないか、説明がつかないからだ」

伯父さんの考えは私の父と同じようなものでした。私の父親も母親の信仰は認めながらも、自分自身はどうしても神の存在を信じることができないといっていました。人間より大きな存在や力があって、それがすべてを動かしているという考え方になじめないというのです。

キリスト教でも、特にプロテスタントのカルバン派では、すべて人間の運命は神が定めていると考えます。神は救われるもの、そうでないものをあらかじめ定めており、私たち人間はただ神の意志と御心に背くような生き方を避け、神が喜ぶような生き方をすべきだというのです。

母親がキリスト教に帰依していたのは、戦争体験が大きな要因になっています。沖縄で生まれ育ち、戦争で米軍による猛攻のなか、目の前で知り合いがバタバタと倒れ死んでいく。そのなかで、なぜ自分は傷一つ負わずに生き延びることができたのか。

父親にいわせれば、それはすでに人間の力と理解を超えた世界だった。「お母さんは人間の超えた力を意識し、それが神の存在へと結びついたんだ」と話してくれました。父親も中国大陸を列車で横断中、敵機の機銃掃射を受け、すぐ目の前にいた人が直撃弾で即死する場面に遭遇したそうです。

同じような状況で、母親は人間の力のおよばない世界、神の存在を意識し、父親はその不条理な世界を許容する神の存在を否定する。二人の受け取り方は対照的ですが、いずれの態度も納得できるもののように思います。

私自身もまた、キリスト教徒としての母親の姿勢に感化を受けながら、一方で父親や伯父がいうような、科学的なものの見方、神に依存するのではなく人間の知性と理性で歴史をつくり出していく思想に大いに興味をもったのです。

聖書を読み込むことで思考の深さや幅が生まれた

ここで私とキリスト教の関係、そこにおける読書の意義について少し触れておきます。

母親に連れられて小学生のころから教会に足を運ぶようになり、中学に入る少し前に聖書を英語で読む勉強会に参加するようになります。厚生省（当時）を辞めて洗礼を受け、牧師になった新井義弘先生が聖書を英語で読みながら教えるという会でした。

とても格調が高いということから、新井先生はあえて難しいキング・ジェームズ版の英訳聖書を使いました。新約聖書の「ヨハネによる福音書」を毎回2、3行ずつ暗唱します。聖書によって私は暗記することと、英語を覚えたのです。

英語の勉強と同時に聖書の勉強もできるということで、とても有意義な授業でした。中学生になっても毎週日曜日は礼拝のあと、朝9時から10時までこの授業が行われ、その後大人たちだけの礼拝が行われる。

あるとき、私は当時気になっていた疑問をぶつけました。書店員にすすめられ、塾の先生にも太鼓判を捺された『世界十五大哲学』の本を新井先生に見せ、「教会での話と、この本の話とどちらが正しいのか」と聞いたのです。

新井先生はパラパラとその本を読み、マルクス主義の立場から書かれた本であること。マルクス主義はたしかに魅力があるということ。ただし、哲学は人間が考え出したものであり、究極のところは完全には信用しないといいました。

「ただ、佐藤君はまだ若いのですから、キリスト教的な考え方に固執せず、いろいろな考え方を学び、いろいろな話を聞いて自分で考えてみることです。焦って結論を出さないほうがいいでしょう」

当時の私は、皮膚感覚としては母親のいうように神の存在を信じていました。ただし、一方で論理的なマルクス主義の考えも捨てがたい。先生の教えどおり、どちらが正しいという結論をすぐには出さず、とにかくじっくり両方を勉強することにしました。

その道の専門家に基礎から聖書をしっかり学ぶことができたことは、私の人格形成においても、思考の深さや幅をつくるという意味においても非常に大きなことでした。

新井先生の勉強会は、ときにフレーズの解釈をめぐって侃々諤々の議論になり、わずか数行しか進まないこともありました。しかし、それだけ聖書理解は深いものとなりました。

難しい本に一人ではなく師匠と、さらには勉強会や読書会などを通して仲間と一緒に立ち向かうことができれば、それは非常に有効な読書法だといえます。

数学の奥深さに気づかせてくれた塾の先生

中学時代の私は、塾の数学の授業にも大いに知的刺激を受けました。数学の柏木正史先生は東大工学部と大学院を出たとても優秀な方で、受験数学は公式と解き方を覚えればいいだけの、記憶力の問題にすぎないという考えでした。本当の数学の面白さは別にあり、それはものの見方、考え方を問われるものだというのです。

数学の先生は90分のうち60分を受験数学にあて、残りの30分で数学の本質的な話をするという構成をとっていました。受験で合格することが唯一の目的であったほかの学生には不評でしたが、私にとっては残りの30分こそが面白かった。

たとえば三角形の内角の和は180度というのはみなさんも学校で習ったでしょう。先生は地球儀を取り出し、「赤道に任意の2点をとり、それぞれ北極に向かって90度の直線を描いたとします。それをまっすぐ伸ばしていくと、北極点で交わります。おかしいと思いませんか?」というのです。

3本の直線で囲まれた内角の和は、底辺の二つの角がそれぞれ90度なので、180度以上になっているというのです。多くの受験生たちは「だから何だ?」という顔をしていましたが、私は興奮していました。

それは言い換えれば平行線であっても交わる場合があるということです。赤道という直線からそれぞれ90度という同じ角度をもつ二つの直線は、当然平行線ということになります。平行線はどこまで伸ばしてもけっして交わらないはずでした。

「みなさんが習っている幾何学はユークリッド幾何学というものです。それは完全に平面であることが大前提になっています。しかし球面においてユークリッド幾何学は成り立ちません。これを非ユークリッド幾何学といいます」

前提を変えれば、それまで絶対的だと思われていた定理や公理も相対的な概念に変わってしまうわけです。

「当たり前だとされていることは本当に正しいのか？　それとも単なる条件つきだったり、約束事にすぎなかったりするのか、つねに考える必要があります」と教えてくれました。

若いうちは多角的な読書を心がける

私にとってはかけがえのない授業も、ほかの生徒にとっては受験に何一つ関係ない無駄な時間にすぎません。保護者からクレームが入って、先生は生徒に30分の授業が必要か不要かの多数決をとり、その結果必要と手を挙げたのは私だけ、残りの全員が不要に手を挙げ、以降先生の授業は受験数学をやり通すだけの授業になりました。

ただ、この先生は「佐藤君だけが先生の意図をわかってくれている」と、その後一緒にご飯を食べに連れていってくれて、数学の面白い話をたくさんしてくれました。先生の家に行くと、数学の本だけでなくマルクスやレーニンの本がある。私は自分がいま読んでいる本の話や、一番の疑問であるキリスト教の神の存在と、マルクスのいう無神論とどちらが正しいのかという疑問を先生にぶつけてみました。

「優君はたくさん本を読んでいる。それは素晴らしいことです。ただし、読書するということは他人の頭で考えること。物知りにはなるけれどそれだけでは人生の本当の豊かさには触れられない。大切なのは自分の頭で考える力をつけることだよ」

「自分の頭で考えるにはどうしたらいいのでしょう？」

「ある本を読んで、この人はこんな考え方をしているのかと知ったら、今度は一度頭を白紙に戻して別の人の本を読む。いろんな人の考え方を押さえておくと、自然に自分の頭で考えることができるようになります」

本と現実の〝答え合わせ〟が必要

県会議員の伯父や塾の国語の先生、牧師の新井先生も、結局はみんな同じことをいっていたのです。それは最初から絞り込まないこと。これが正しい、これは間違っていると選別してしまうのではなく、とにかく幅広くいろいろな知識を取り入れること。

それぞれ専門や立場は違えど、本質的にはみんな同じアドバイスをしてくれたのです。おかげで私はキリスト教とマルクス主義、文系と理系といった、異なる価値体系や世界を自分の中で共存させることができたように思います。

さらに数学の柏木先生がいってくれた「自分の頭で考える」ということを、別の言葉で国語の岡部先生が説明してくれました。

「昔キリストが誕生したころ、パレスチナの地にはパリサイ派と呼ばれるユダヤ教徒がいて幅を利かせていました。彼らは教義や戒律に関する知識は非常に深く、それを忠実に守ります。しかし論理的整合性はあるのですが、人間性がだんだん失われていく。特に組織に入るとその傾向に拍車がかかります」

知識先行、論理先行になると人間的な生き生きした感情や生命力を失ってしまう。しかもそれが組織の中で蔓延すると、多くは思考停止、判断停止になり自分の頭で考えることをしなくなってしまう。

硬直化した考えから抜け出すには、数学の先生がいったように、一度白紙に戻すことが大事になります。考え方をリセットし、新たな知識や情報を受け入れること。物事を絶対的な視点ではなく相対的な視点で見ること。

実際にイエス・キリストはパリサイ派の律法主義を離れ、愛という本質に立ち返ることが神の意志に従うことだと説きました。つまり、それまでの硬直化した教団の教えをリセットしたわけです。だからこそ安息日でも病人を助け、石を投げられようとしていた姦淫した女性を救ったのです。

私たち人間は知性があるがゆえにそれにとらわれ、やがて思考が硬直化してしまう。場合によっては論理先行で放っておくと先鋭化する。それが組織の論理とつながることで暴力的になったり、逆に官僚的になったりしてしまう。

そのことは70年代の学生運動やかつての共産主義の国々、いまの霞が関などを見てもよくわかります。私自身も対象にのめり込み、突っ走る傾向が多々ありました。ただし、比較的容易に考え方をリセットし、白紙に戻すことができるのも私の特徴です。

「本を読む順番」を間違えてはいけない

思考を硬直化させない、領域を狭めないという意味では、知性に触れる順番、つまり本を読む順番も重要です。このことを教えてくれたのはやはり塾の岡部先生でした。哲学や思想に次第に目覚め始めていた私でしたが、岡部先生はそんな私にある種の危機感を抱いていたのかもしれません。

先生は大学に入って早い時期にニーチェを読んだことがよくなかったといっていました。

ニーチェはキリスト教における神の存在を否定し、一種のニヒリズムを説きました。その考えはときに激しく、扇情的でもあります。

ニーチェは天才で、あらゆる価値観、価値体系は虚構であると説きます。神や宗教はその虚無に耐えられない「弱い人間」がつくりあげた、ある種の幻想にすぎないというわけです。神をつくり出すことでこの世に価値を見出し、生きる力を得る。ただし、それでは人間はいつまでも神の前で弱いままです。

ニーチェはそこで超人思想をつくりあげます。神や宗教に頼らない、人間が主役となる世界に住むためには、神に代わる「強い人間」に変わっていかなければならないというわけです。

「最初にこのようなニヒリズムを下手に身につけたことで、世の中のあらゆることが馬鹿らしく、レベルの低いものに感じてしまった。それによって若いうちに身につけなければならないことをしないまま、いまに至ってしまった」と岡部先生はいっていました。

就職活動も、会社に勤めて働くことも、お金を稼ぎ家族を養うことも、なんだか馬鹿らしくなってしまう。

「ニーチェは哲学史の中では一種の異端です。ですから読むのは最後がいい。まずデカルトやパスカル、カントやヘーゲルといった本流、正統な哲学をしっかり学ぶべきです」

聖書は西洋の歴史や文化への入り口

先生はさらに聖書の大切さを強調しました。

「結局のところ、ニーチェのようなニヒリズムが誕生したのは、西欧社会の歴史にとって原点といえる思想や宗教があったからこそ。キリスト教が何かを知らなければ、ニーチェの本質も本当の価値もわからないのです」

さらにいえば、西洋哲学も絵画や音楽、文学といった西洋芸術全般も、その基礎にはキリスト教がある。近代の知性や感性を身につけるには、キリスト教を知り、学ぶことが大前提だと先生はいいました。

「その点、佐藤君は子どものころから聖書になじんでいる。それは大きなアドバンテージになると思う」と先生は話しました。そして、岡部先生自身がこれから聖書を本格的に学ぼうと思っているといっていました。

本には読む順番があるし、触れるべき知性には順番がある。一番いいのは人類の歴史の流れにそって、それぞれの時代に生まれた思想や哲学、芸術に触れること。ギリシャの古典から始まって、ローマやビザンチンの帝国時代を抜け、三十年戦争を経て1648年、ウェストファリア条約で現在の国民国家が誕生し、近代が始まる。そこからイギリスやフランスの革命や産業革命により、現代社会へと移行する。

その流れにそって各時代の知性に触れていけば間違いはないでしょう。私自身はといえば、思想・哲学に関する本格的な読書が始まるのは高校に入ってからですが、先生の教えにならってニーチェは後回しにして、デカルト、カントやヘーゲル、キルケゴールといった哲学に触れることになります。

●『モーパッサン短篇選』（モーパッサン／岩波文庫）

●『晩年』（太宰治／新潮文庫）

●『破戒』（島崎藤村／新潮文庫）

●『蒲団・重右衛門の最後』（田山花袋／新潮文庫）

●『こころ』（夏目漱石／新潮文庫）

●『世界の名著』（中央公論社）

●『世界十五大哲学　哲学思想史』（大井正／寺沢恒信・富士出版）

●『空想より科学へ　社会主義の発展』（フリードリッヒ・エンゲルス／岩波文庫）

●『共産党宣言』（マルクス、エンゲルス／岩波文庫）

●『マルクス・エンゲルス選集』（新潮社）

●『レーニン全集』（大月書店）

●『スターリン全集』（大月書店）

●『毛沢東選集』（外文出版社）

第4章

教育者をつくる本の読み方

受けてきたものを若い人に還元する

前章で見たように、私は両親をはじめとして塾の先生、親戚、キリスト教関係の人など、そのときどきに応じた指導者に恵まれました。

こうしたことから、一人の人間が成長するには適切な教育が大事だということを実感しており、必然的に私は教育に大きな関心をもつようになりました。私自身が与えられたものを今度は人に与える。それが、これまで私が受けてきた有形無形の恩に報いることだと思っています。

現在、私は母校である同志社大学で後輩の学生たちを指導しています。そのほか、同大学で生涯学習の講座を担当しているほか、新宿の朝日カルチャースクールや池袋コミュニティ・カレッジでも講義を行っています。特に大学で若い人たちを教えていると、優秀な学生が多いことに驚きます。

世間では若者の学力低下が叫ばれ、教育の衰退を憂えていますが、たしかにその傾向がある一方で、しっかりした考えをもった優秀な若者は少なからずいます。

年配の人たちは若い人に対する評価が厳しくなりがちですが、時代が変われば、子どもたちの特性も、求められる能力も変わってきます。いまの子どもは集中力がない、読解力がないなどいろいろいわれますが、大人たちが決めつけすぎて子どもの可能性を摘まないことが大事です。

教育者という側面が私にあるとしたら、それを形づくっているのは私自身の成長の経験と実感そのものです。教育者になるべく特別な経験を積んだわけではありません。ただ、これまでの私自身の体験や積み重ねを、できるだけ若い人に理解しやすく伝えたい。

そんな気持ちが、そのまま若い人を指導し教育するという行動につながっています。

忘れられてしまっている「丸暗記」の大切さ

結論から先にいうと、私の教育の基本姿勢は戦前の旧制中学・高校の教養主義的なスタンスに近いといえます。具体的なポイントは二つ。一つは幅広い領域での基礎的な知識と教養を身につけること。二つ目は中学、高校までは暗記を中心に徹底的に知識量を増やすことです。

戦前の教育は、高校まではとにかく幅広い知識を暗記し吸収すること（受動的知識）に力点を置きました。その後、大学に入ってからは蓄積された豊富な知識を下敷きに、それぞれの専門分野で論文作成や演習といった応用（能動的知識）を訓練するのです。

残念ながら、いまの教育現場を見ると、受動的知識、能動的知識の二つとも中途半端になってしまっています。これは受験のために早いうちから文系と理系に分け、限られた領域の勉強だけをするようになってきている影響が大きい。

学習塾は合格率を上げるため、数学など理数系の力が弱いと判断した生徒には早々に私立文系一本に絞らせます。すると高校時代にほとんど数学を勉強しない学生が数多く生まれることになります。

暗記に関しては「ゆとり教育」の弊害がやはり大きい。文科省は詰め込み型教育の弊害を問題視し、創造性を重視するようになりました。そこで１９８０年代から２０１０年くらいまで「ゆとり教育」が取り入れられます。生徒の負担を少なくするために学習量を減らし、その分の余裕で創造性を伸ばそうとしたのです。

その結果はというと、基礎学力の低い大学生がたくさん社会に出ていっただけでした。語彙力、読解力が著しく不足している大学生が増えたと嘆く大学教授に数多く会っています。最近の大学の教養課程では、高校どころか中学の勉強から始めなければならないとか。数学力の低下も顕著で、2分の1プラス3分の1を平気で「5分の2」と答える大学生もいます。

自分自身の体験から、高校生までは丸暗記を基本にして受動的知識を最大化し、徹底的に知識を吸収することが一番だと考えています。ある一定の量を超えると、知識は量から質への転換が行われます。受動的知識の積み重ねのないところに創造的知性は生まれないというのが私の考えです。

幼少期の親の教育が子どもの運命を変える

最近は高校生や中学生などのより若い世代に向けた教育、さらには小学校の児童や幼児への教育にも関心が向いています。

私が4歳か5歳のとき、父親がよく読み聞かせてくれた絵本がありました。それが『むくどりのゆめ』（浜田廣介）です。母親のいないむくどりの子どもが、お父さんのむくどりに「お母さんは帰ってこないの?」と尋ねる。実はお母さんはもう死んでいるのですが、父親は「もう少し待ってなさい」と言葉を濁します。

子どものむくどりはずっと母親を待つのですが、ある夜、枯れ葉が風に舞うカサコソという音に、母親が帰ってきたと喜びます。勘違いだとわかり子どもは落胆しますが、その枯れ葉の音が聞こえなくなるのが寂しく、1枚残った枯れ葉を馬のしっぽの毛で枝に結びつける。するとその晩、子どもは母親が帰ってきた夢を見るのです。

すごく印象的な話で、子どもながらに何度もせがんで休みの日のたびに父親に話してもらいました。最後にはオープンリールのデッキでテープに録音してもらい、それを聞いていたほどです。

本来ウソをつくことはいけないことだとされますが、むくどりの父親があえて真実を告げないところに深い愛情を感じました。子どもはいずれ真実を知るでしょうが、いまはまだその時期ではない。息子の成長を信じ、願っている父親の姿が見えてきます。切ないお話ですが、愛情にあふれています。

まだ小学校に上がる前の話ですが、父親が絵本を読んでくれたといううれしさも相まって、私の中に鮮明な記憶として残っています。その体験がいまの私にもつながっていて、どこかに親に対する思い、安心感、自己肯定感にまでつながっている気がします。

子どもの成長には、本を読むことで論理的に思考する力をつけることが重要です。よく情操教育が叫ばれますが、感情を客観的に把握するのも言語、すなわち論理力なのです。絵本の中には『てぶくろをかいに』（新美南吉）のようにほのぼのする話もあれば、『むくどりのゆめ』のようになんとも切ない気持ちになる物語もあります。

未就学児童や小学校の低学年であれば、親御さんも一緒になって読んでみて、どんな感じがするか、どうしてそういう気持ちになるかを考えてみてあげてください。そして「楽しそうだね」とか「かわいそうだね」というように、言葉でその気持ちに共感してあげてください。

言葉にすることで感情は明確になり、それが定着して情操を強化します。すると、こんなときに相手はどう感じるのか？　どんなことをされたらうれしくて、どんなことをされたら悲しむのかと考え、他者を理解できるようになります。それは、豊かな人間性と社会性を身につけたのと同じです。

幼児期の内的体験が多い子どもは伸びる

幼児教育においても、読書体験は非常に大きな影響を与えます。未就学でまだ文字をよく読めない子どもの場合は、私が子どものときのように、親が絵本などを読んで聞かせるのがいいでしょう。

おすすめは、先ほどの『むくどりのゆめ』のほかにもたくさんあります。新見南吉の名作『ごんぎつね』などもよいでしょう。ちょっと変わった作品としては『びんぼうがみとふくのかみ』なども面白い。

これは貧乏な昔の農民夫婦の話です。貧しいながらもまじめに働き続けるのですが、ある年の瀬、ようやく少し余裕ができて、その年は餅をつくことができた。ところが大みそかに天井裏から誰かが泣いている声がする。それは貧乏神で、夫婦が豊かになったので明日からこの家を出なければならない。しかも代わりにやってきた福の神は太っていて、ガリガリの貧乏神を「出ていけ！」といじめるのです。

すると夫婦は貧乏神に同情し、怒って福の神を追い出します。結局夫婦は元の貧乏に戻りますが、貧乏神と仲よく幸せに暮らしたという話です。

成功すること、お金もちになるのはよいことだとされている世の中で、お金はなくても幸せになる生き方がある。世の中を複層的に見る視点、弱いものや貧しいものを否定しない考え方は、これからの時代にはより重要になるかもしれません。

このような絵本は、子どもに強い印象を残すことがあります。内的体験の蓄積がある子どもは、その後の社会生活で他者との関係を築くのにあまり困難を感じないはずです。それだけ豊かな人生を送ることができるようになります。

また、絵本や童話は子ども向けのものではありますが、人生のエッセンス、生きる知恵という意味では、大人が読んでも十分意義のある読み物です。そこには人に対する優しいまなざしや、道をそれないで生きることの大切さなど、ついつい現実生活の中で忘れがちな価値が描かれている。大切なものの原点に戻るという意味で、子どもと一緒にそうした世界に浸るのも価値のあることです。

一番効果がないのは〝読書の押しつけ〟

読書好きな子どもにするために、絵本などを読んで聞かせているという親御さんも多いでしょう。しかし、小学校にあがって自分で文字を追うことができるようになったら、子どもが興味をもつ本を自由に読ませてやることが大事です。

一番よくないのは、親が先走って「この本を読みなさい」と押しつけること。自主性のない読書は苦痛以外の何物でもありません。逆に本が嫌いな子どもになってしまいます。とにかく本人の興味に任せて、好きなものを飽きるまで読ませる。それが飽和状態になれば、子どもは自然に次の興味のある分野へと移っていくはずです。

小学校の低学年なら『かいけつゾロリのドラゴンたいじ』などの「ゾロリ」シリーズや、『ハリー・ポッターと賢者の石』などの「ハリー・ポッター」シリーズもいいでしょう。堅苦しい本ではなく、読んでいて子どもが楽しめるものが一番です。まずそれによって活字に触れることが大事なのです。

小学校高学年になったらエジソンや野口英世など伝記ものを読むのがよいでしょう。子どものころに憧れをたくさんもつほど将来が豊かになるからです。憧れの人物、ヒーローの存在が大志を抱かせ、大いにモチベーションを高めてくれます。

素晴らしい生き方をした人たちを知ることで、自分もあのように素晴らしい生き方をしてみたいと素直に思う。子どものころの純粋な気持ちが人格を高め、より豊かな人生を送るきっかけをつくってくれます。

あとはジュニア版の『日本の歴史』か『世界の歴史』がいいでしょう。非常によくまとまっていて、歴史を最初に学ぶにはとてもいい本です。活字が苦手な子どもなら、学習漫画でもかまいません。小学校高学年になれば、歴史というのはどういうものなのかをほぼ理解できるようになります。中学校で本格的に歴史を習う前に、自分なりに全体の流れをつかみ、興味のある人物や事件などを頭に入れておくだけでも、その後の理解度が大きく変わってきます。

大学入試制度改革で勉強の仕方が一変する

近年私が教育問題に関心をもっている理由の一つに、2020年の大学入試制度改革があります。これまでのセンター試験は知識偏重型の試験でしたが、より思考力や発想力を重視したものに変わる予定です。

具体的には、国語と数学において記述問題が導入されます。英語では、これまで「聞く」「読む」能力が試されてきましたが、さらに「書く」「話す」能力が必要になります。

大学入試制度が変わることが、教育が変わる大きなきっかけになりえます。かつて共通一次試験が導入されたことで、偏差値という概念が教育界を大きく変えました。日本の学生全体を偏差値という一つの物差しで順位づけをして、暗記力と受験テクニックに優れた要領のいい学生と、そうでない学生にふるい分けるという構造をつくり出しました。

今回の改革で何が変わるかというと、これまでは受け身の姿勢でよかった勉強に、主体的に学ぶ姿勢が求められるようになるのです。自分の頭で考えるという能動的な能力が試されるため、勉強も問題意識と課題をもって自主的に学ぶ姿勢が大事になります。

しかも今後は学費が高騰します。10年後には私立だけでなく国公立大学でも、年間授業料は文系で100万円近くになる。私立文系では200万円を超えると思います。すると地方出身者で東京の大学に通う場合、4年間で学費と家賃、生活費など合わせて国公立で1000万円、私立なら2000万円以上かかる計算になります。

そうなると、これからは塾に通わずに学校の勉強以外は自力で勉強して大学を受験するという人が増えるでしょう。

大学入試制度改革と学費の高騰の二つから導かれるのは、若いころから自主的に学習する力が重要になってくるということ。机に向かうことが習慣になり、勉強を面白がることができるかがカギになります。

ですから、「勉強しなさい」とプレッシャーをかけるほど、子どもは自主的に勉強する気力を失っていく。受け身の姿勢が基本になってしまうと、自分で考えるという能動的な能力が育ちません。そうなると、結局は面白がって机に向かっていた学生に最後は負けてしまう。これからそういう時代がくるのです。

学力に直結する「自己コントロール力」

私自身の子どものころを振り返ってみると、両親は私の興味に任せて主体的に学ぶ姿勢を身につけられるように仕向けてくれました。

ラジオにのめり込んでいた小学校高学年のときは、父はアマチュア無線の免許をとるようにすすめてくれて、自ら数学を教えてくれたり、専門書やテキストを買ってきてくれたりしました。

中学生になって文学や哲学などに興味が出てくると、今度は百科事典を買ってくれました。段ボール箱で数箱にもおよぶ世界大百科事典（平凡社）が届いたときにはさすがに興奮したことを覚えています。以後は何か疑問や興味がわいたときにその百科事典を開くのが習慣になり、それがさらに別の興味を引き起こしてくれました。

自主性をもつということは、自らをコントロールする力を身につけることでもあります。家に帰って食事をして就寝するまでの時間、塾の勉強や宿題をして、自分の興味のある分野の本を読む。スケジュールを自分で組み立て、自分を律していくようになります。

自己コントロール力の高い子どもほど、大人になってから成功しているということを発見したのがスタンフォード大学のウォルター・ミッシェルです。有名なマシュマロ実験というものがあります。6歳から7歳の子どもを集め、目の前のマシュマロを食べないよう指示し、子どもを一人にして我慢できるかどうか実験したのです。

我慢できるか、食べてしまうかは人それぞれですが、子どもたちをその後何年もかけて追跡調査したところ、我慢できた子どものほうがそうでない子どもより学校の成績も、社会的な地位や収入も高いことが判明しました。成績や成功に関しては、ＩＱより自己コントロール力の有無のほうが相関度が高いことがわかったのです。

子どもを伸ばしたいのであれば、自己コントロール力、自主性を高めることが大事になります。脳科学的に見ると、自制心や自己コントロール力、自主性ややる気は前頭葉の前頭前野という部分と関係していることがわかってきました。

そしてこの部分を発達させるには、言語力、論理力が必要になります。つまり、文字、文章に触れることが大事なのです。そのためにも親は押しつけるのではなく、子どもの年齢と興味に合わせて絵本や本を読み聞かせたり、興味のある分野の本をさりげなく買い与えたりして、本を読むのを好きにさせることです。

その意味で、子どもが興味をもったときに好きなだけ読めるよう、家にある程度の蔵書があるのが望ましい。百科事典や辞書、世界文学全集、日本文学全集などをそろえると、子どもの知的好奇心を育てるのに役立ちます。

ゲームやスマホはできるだけ遠ざける

前頭葉や前頭前野を育てることの妨げになるのがテレビやゲーム、インターネットです。テレビを多少見るのは仕方がないとして、ゲームやインターネットは大きな問題です。

岡田尊司さんの『インターネット・ゲーム依存症 ネトゲからスマホまで』（文春新書）によると、インターネットやゲームにハマっている人の脳を調べると、覚せい剤依存症と同じような反応が見られたということです。

ゲームやインターネットに依存性があることはある程度予測されていましたが、脳内の映像解析によって、その存在が明らかにされました。「デジタル・ヘロイン」とまで称されるこれらの弊害によって、脳の働き、発育が明らかに妨げられるのです。

依存症の怖さに関しては田辺等さんの『ギャンブル依存症』や、中野信子さんの『脳内麻薬 人を支配する快楽物質ドーパミンの正体』が参考になります。

ギャンブルやアルコール、そしてゲームなどにハマるのは、脳内のドーパミンという快楽物質が分泌され、快楽を感じるからです。コカインや覚せい剤はこの回路を誤操作させることで過剰な快楽を与え、その快楽によって依存症になってしまいます。

ゲームやインターネットは、覚せい剤や麻薬などの薬物と同じような常習性、依存症を引き起こすものであり、危険なものであるという認識が必要でしょう。薬物と同じようにその刺激がないと脳が働かなくなってしまい、前頭前野の働きを鈍らせてしまう。意志や意欲が減退し、人間的な社会生活に支障をきたしてしまう可能性があるのです。

そこまで依存体質にならないとしても、ゲームなどのデジタル媒体は人間の思考にとってマイナスの影響があります。デジタル媒体は0と1の信号で構成されている世界。そういうものに長時間触れていると、思考もデジタルになってしまう。つまり白か黒か二極思考で、グレーな部分やファジーな部分が抜け落ちてしまうのです。

答えが明確に出るものについては強いのですが、答えがなかなか出ない問題に関してはフリーズしてしまう。たとえば先ほどの『むくどりのゆめ』のように、母親がいないことをあえて口を濁す父親むくどりのような、複雑な心理を理解しようとしない、理解できない子どもになってしまう可能性があります。

若くして依存症になってしまう時代

インターネットに関しても、ネットサーフィンでいつの間にか1時間、2時間と経過していたことがあるという人も多いのではないでしょうか。SNSもフェイスブックにあげた自分の投稿にどんな反応をしてくれているか気になったり、「いいね」を押さなければと気を使ったり、四六時中気にかけてしまう。LINEも24時間いつでもつながっているため、相手のメッセージに返事をしなければとつねにプレッシャーを感じている……。

インターネットによって、本来必要なかったものに多くの時間と労力を削がれているのが実態です。そんな情報過多の中で暮らすうちに、つねに何かとつながっていないと不安になってしまう。これも一種の依存症だといえます。

いまの世の中は、少し油断すると何かの依存症に陥ってしまう。それによって知らないうちに脳が冒され、自分でものを考える力が失われている可能性があります。

スマホというツールは時間と場所を選ばずゲーム、SNS、ネットサーフィンなどへの入り口となるだけに、さまざまな依存症、依存体質になるのはあっという間です。

私自身は、子どもにはできれば持たせないほうがいいと考えています。早いうちにデジタルツールの世界の面白さにハマってしまうと、前頭葉の発達が未熟なまま大事な時期をすごしてしまうことになるからです。

単に勉強ができないだけでなく、自制心や自己コントロール力の低い人間になってしまいかねません。そうなると、円滑な社会生活を送ることが難しくなる可能性もあります。

もし子どもと連絡を取り合う必要があるなら、子どもにはガラケーを与えれば十分です。どんなに早くてもスマホは高校生から。大学生になってからでもいいと思います。

今こそ知っておきたい「音読」の効果

情報を得るためにデジタルツールに頼る前に、まずアナログツールに触れる。具体的にはやはり本を読むことです。活字に触れてその世界になじむことがまず必要です。

私自身、本の読み方として参考にしたのが加藤周一の『読書術』です。特に、遅く読む「精読術」が参考になりました。

「本を遅く読む法」は「本をはやく読む法」と切り離すことができません。ある種類の本を読むことが、ほかの種類の本をはやく読むための条件になります。また場合によっては、たくさんの本を読むことが、遅く読まなければならない本を見つけだすために役立つこともあるでしょう……

（『読書術』岩波現代文庫）

この部分は私の読書術の真髄でもあります。たくさんの読書体験を積むうちに、自分に合った読書法が確立されるはずです。その際、重要なのが前にも触れた「要約」と「敷衍」の考え方。つねにこの二つのことを念頭に置きながら本を読みます。すると読解力が上がり、それに伴って読書の喜びが次第に大きくなります。

言語、文章、論理に触れることで前頭葉が活性化され、理解力が増すことで読書の喜びが増す、それによってさらに読書が進む。このスパイラルが確立されれば、あとは放っておいても脳が知識を求めるようになるので、知識や教養はどんどん増えていくでしょう。

読解することが難しい本や文章は音読することをすすめています。私自身、理解が難しい部分に関しては声に出して読むことがあります。不思議なもので、声に出して読むことで頭に入りにくかった文章がすんなり入ってくることがあります。

私の講義でも、参加している人たちに順番に音読してもらうこともあります。声に出してもらうことで、聞いているほうもその内容がしっかり頭に入ってくるからです。

最近の授業や講義では講師が一方的に話し、聴くほうは受け身になってしまっていることが多いようです。目で文字を追い、声帯を震わせて声に出し、それを耳が受け止める。この一連の運動の相乗効果で脳を刺激し、理解を促進するのです。

学力とは体験や人間関係も含む総合力

最近は高校生とも直接つながりをもっています。

私は埼玉県立浦和高校の出身です。県下一の進学校として知られ、たしかに受験に向けての体制やカリキュラムはあったものの、実はかなり自由な校風でした。校内行事が多いのも特徴で、高校から茨城県の古河市まで約50キロの強歩大会、臨海学校での遠泳、そして一年を通じて行われている各クラス対抗のスポーツ大会などがありました。

受験のことを考えれば、このような行事は無駄以外の何物でもありません。しかし、浦和高校には「尚文　昌武」という、学問だけでなく健壮な肉体をつくるというモットーがあります。

学生同士でも難しい専門書をどれだけ読んでいるか、文学や芸術などの教養がどれだけ深いかなどを競い合う、教養主義的な雰囲気がありました。

このような伝統を通じて、新興の進学校にはない総合的な知性や、部活や校内行事を通じて体得する肉体的な頑健さ、濃密な人間関係が得られるのが特徴だと思います。

これらはおそらく旧制中学からの流れだと思います。旧制中学、高校はまさに総合的な教養を背景に、そこから専門的な知識や素養を身につけていきました。先輩が後輩の面倒を見たり勉強以外のことまで教えたり、人間的なつながりがありました。

浦和高校ももともと旧制中学で、おそらく全国の旧制中学の系譜を引いた高校は同じような校風をもっているでしょう。

社会に出て壁や逆境に行く手を遮られたときに、高校で学んだ総合知やさまざまな体験、人間関係などが非常に役立ちます。私自身、512日間勾留されたとき、外務省を辞めて作家になったとき、かつての高校での行事や仲間たちと行った深夜を徹しての議論など、一見無駄のように思える経験がとても大きな力になったことを実感しました。

ますます高まっていく数学力の重要性

これからの時代にはどのような能力が求められ、どんな能力が評価されるでしょうか。グローバル化は止まらないでしょうから、諸外国のエリートといろいろな局面で戦わなければならない時代になるでしょう。

もし、将来彼らと伍して仕事をしたいのなら、英語などの語学力をもっていることは当たり前で、必要になるのは数学の力だと考えています。前述したように、日本の場合は高校など早い段階で数学と縁がなくなるケースが多くあります。

ところが諸外国のエリート教育では、文系でも数IIIの理解がないと試験に合格して卒業することができません。

以前、外務省で研修指導官をしていたころ、入省した優秀な研修生たちを選りすぐり、モスクワ国立大学の地理学部と、高等経済大学というエコノミスト養成の大学にそれぞれ送りました。いずれも難関国立大学や一流私立大学出身の優秀な若者でしたが、全員が成績不良で退学を余儀なくされたのです。

一体どういうことなのか？　モスクワに行ったときに直接理由を尋ねました。先方の担当者がいうには、日本の留学生のロシア語に関してはまったく問題がなかったものの、その他に問題が三つあったというのです。

その一つは数学の力。彼らは偏微分が出てくる経済学の最先端の本をまったく理解できなかったというのです。日本の高校数学に偏微分は出てきません。それから、線形代数に弱いので統計処理ができないということでした。

さすがに、このレベルの数学の知識を文科系の学生に求めるのは酷かもしれません。しかし、世界のエリート教育の最先端ではその能力が当然のように求められ、学生たちはそれをクリアしている。グローバル化が進めば、そんなとてつもない知性を備えたエリートと競争していかなければならないのです。

日本の文系学生の場合は、数Ⅲまで理解していれば教養課程の数学には十分ついていくことが可能です。そうすれば経済学などの論文も理解することが可能になる。国際社会でも十分に渡り合うことができます。

論理学を知らないと世界のエリートとは戦えない

もう一つの問題は「論理学」の知識がほとんどなかったこと。論理学といっても幅が広く、集合論などとつながった記号論理学と、記号を使わない言語での論理の構成を分析した学問まで、幅広い概念を含んでいます。

モスクワ大学で取り上げられていた論理学は数学的な記号論理学でしたが、言語表現の論理学も含めて、論理的な思考をするには欠かせない学問です。それは結局のところ現代文の理解力につながっていくものです。

野矢茂樹さんという東大の先生が書いた『論理学』は論理記号を使った解説書ですが、論理学とはどういうものかを知りたい初心者、文科系の人には参考になる一冊です。

同じく野矢さんの本に『論理トレーニング101題』があります。これは記号を使わず言葉だけで説明した本で、論理学の練習問題が101題取り上げられています。その一部を紹介してみましょう。

「テングタケは毒キノコだ。だから食べられない」

この文章のおかしなところはどこでしょう。一見すると毒キノコであれば食べられないと納得しそうです。ただし、もしかすると煮たり焼いたりして加熱したら食べられるかもしれません。そうだとすると右の文章は完全には誤っていないにしても、不完全な表記だということになります。正しく記述するとしたら、

「テングタケは毒キノコだ。だから焼いたり煮たり、加熱調理しないと食べられない」

となります。では次の文章はどうでしょうか。

「吠える犬は弱虫だ。うちのポチはよく吠える。だからポチは弱虫だ」

こちらも一見する限りおかしなところはないように思います。しかしポチが犬かどうかは書かれていません。ポチはもしかするとトラやライオンかもしれない。だとすると弱虫とはいい切れません。

重箱の隅をつつくような指摘だと思うかもしれませんが、論理的に正確な記述という観点からは妥当な指摘なのです。実は私たちの日常でも、このような不正確な言い回しや記述に、つい騙されたり誤解したりしているケースが多々あります。

相手のロジックの破綻を見抜いたり、相手のウソを見破ったりするには、論理力を高めることが欠かせません。外交やインテリジェンスの現場では特に論理性が求められますが、

一般のビジネスシーンでもそれは同様でしょう。

残念ながら、日本のエリートでも論理学を修得している人は、他の先進諸国に比べて非常に少ない。これから少しでも論理学を学び、ロジカルな思考力を身につけたいと考えている人におすすめなのが『論理的に考え、書く力』です。

著者の芳沢光雄さんは、確率の誤謬や統計の欺瞞など、論理的に考えるとおかしいことがいまの世の中あまりにもたくさんはびこっているといいます。本書では、それらの誤謬や欺瞞に気づくための論理的な思考方法が解説されています。

哲学とは思考の「鋳型」である

モスクワの大学の担当者が指摘した、日本人エリートの足りない能力の三つ目が、哲学に関する基礎知識でした。日本の教育では倫理に当たります。日本の高校教科書をあらためて読むと、そのレベルは実はかなり高い。

たとえば倫理の教科書には『啓蒙の弁証法』の著者であるテオドール・アドルノや、マックス・ホルクハイマーといった哲学者が顔を出しています。

ホルクハイマーとアドルノは啓蒙の弁証法という考え方を提唱しました。簡単に説明すると、最初は啓蒙のために有効だった理性もやがて道具化し、画一的な価値観をもたらすものに変化する。つまり自由を得るための理性が、今度は逆に思考停止や判断停止をもたらし、自由を縛るものに変化するのです。

たとえば、人類が啓蒙の時代を経て近代化を遂げ、理性の時代になったにもかかわらず、なぜナチスのような思想や動きが生まれたのか。

こうしたプロセスを解き明かし、この弊害から逃れるための方法を提示したのが『啓蒙の弁証法』なのですが、これをしっかり説明できれば、十分大学院の修士レベルになります。ですから高校の倫理の教科書をしっかり勉強すれば、哲学の基礎知識は十分につけることができるのです。

ところが、残念ながら日本の高校生で倫理自体を積極的に学ぶ学生は少ない。いまの時代、哲学というと実社会には役に立たないものというイメージが強く、それなら法学や経済学など将来つぶしのきく学問を学びたいという人が多いのです。

しかし、世界のエリートたちは哲学をよく学んでいます。そして、それが役に立たない学問どころか、さまざまな場面で非常に重要な要素であることも知っているのです。

思考にはそれぞれ「鋳型」があり、哲学史を学ぶことで、その鋳型にどんなものがあるのかを知ることができる。誰かと議論したとき、何か世界で問題が起きているとき、いったいどういう考え方とどういう考え方の違いがぶつかり合って問題が起きているのか、思考の鋳型を知っていればその本質が見えてくるのです。

たとえば、中国と米国がぶつかり合う根源的な差異はどこにあるか？　ＩＳがどんな思想をもち、何を意図しているのか？　北朝鮮の強硬姿勢と突然の融和政策はなぜそのような展開になったのか？

国際情勢の動きも、思考の鋳型を通して見ればそのカラクリや原因が見えてくるようになります。また個人的な人間関係においても、相手の考え方の基礎にどんな思想的な背景があるのか、価値基準はどこから由来しているのかがわかれば、相手をより理解し判断できるようになります。

型を知ると「型破り」な人間になれる

哲学に限らず、読書というのは「型」を知るという意味で非常に大切です。哲学を学べば思考の鋳型がわかるように、心理学の本を読めば心の型がわかるようになる。文学を学べば人間の型がわかるようになります。

「型」を知り、それを身につけることで、私たちはその型を打ち破って新しいものを手に入れることができる。これがすなわち「型破り」ということです。型をまるで知らないうちに斬新なことをしようとしてみても、それはただの「でたらめ」にすぎません。

ところが、世の中には奇をてらったり、新しいものこそ価値があると盲信したりして、「でたらめ」をやってしまう人が往々にしています。ただし、新規性で一時的には人目を引くことができたとしても、ほとんどの場合それは長く続きません。

剣道やお茶の世界の言葉で「守破離」という言葉があります。これも同じような意味で、まず修行の第一段階は師匠から教わる基本を徹底的に忠実に守ること。そののちにその基本を打ち破り、自分独自のやり方を生み出していく。そして最後の段階はそのようなことから意識が外れて自分の好きなようにやっても、それがけっして道を踏み外さない境地になる。

「七十にして心の欲する所に従って矩《のり》を踰《こ》えず」とは孔子の言葉ですが、まさにこの境地に近いかもしれません。

そのような境地に到達するには、まず基本の型を身につけなければなりません。教育においても、人はその年齢やレベル、状況によって「型」をしっかり身につけるべき時期があるのだと思います。

●『むくどりのゆめ』（浜田廣介、いもとようこ[イラスト]／金の星社）

●『手ぶくろを買いに』（新見南吉、いもとようこ[イラスト]／金の星社）

●『ごんぎつね』（新見南吉、いもとようこ[イラスト]／金の星社）

●『びんぼうがみとふくのかみ』（いもとようこ／金の星社）

●『かいけつゾロリのドラゴンたいじ（「ゾロリ」シリーズ）』（原ゆたか／ポプラ社）

●『ハリー・ポッターと賢者の石』（J・K・ローリング／静山社ペガサス文庫）

●『日本の歴史〈1～9〉』（岩波ジュニア新書）

●『インターネット・ゲーム依存症』（岡田尊司／文春新書）

●『ギャンブル依存症』（田辺等／NHK出版）

●『脳内麻薬』（中野信子／幻冬舎）

●『読書術』（加藤周一／岩波現代文庫）

●『論理学』（野矢茂樹／東京大学出版会）

●『論理トレーニング101題』（野矢茂樹／産業図書）

●『論理的に考え、書く力』（芳沢光雄／光文社新書）

●『啓蒙の弁証法──哲学的断想』（ホルクハイマー、アドルノ／岩波文庫）

第5章

教養人をつくる本の読み方

「通俗本」は専門書に挑む前の重要なステップ

教養というのは総合知です。その知識が社会全体、歴史の中でどういう位置にあるのか、どういう立場で存在しているのかという、全体をとらえるメタ認識が大前提にあります。偏りはどうしても出ますが、その偏りを自分で認識できているかどうかが大切です。この章ではバランスのとれた読書や、知識および情報を取得する際のポイントをお話しします。

まず、間違った読書の一つとして、いきなり専門的で難しい本を読み、理解できないままに時間を浪費してしまうことがあります。物事には順序があります。読書でも、まずその分野の入門書に当たることです。

入門書としておすすめするのが通俗本です。通俗本というと何か言葉は悪いのですが、実際は非常に重要なジャンルだと考えています。通俗本とは専門家が一般の人たちにその知識を広めるべく、やさしく平易な言葉で解説したもの。通俗本の古典というと、イギリスの科学者で物理学者でもあったマイケル・ファラデーの『ロウソクの科学』が有名です。

ファラデーは電磁誘導や電気分解の法則を発見した科学者ですが、この本は世界各国のロウソクやそのつくり方、利用の仕方などを紹介しつつ、科学の本質に触れていく。ロンドンの王立研究所が主催した講演をまとめたものですが、世界的な名著になっています。通俗本がすごいのは世界中の人たちに専門知識を広め、興味を抱かせること。特に若い世代に刺激を与え、ときには将来その道に進むきっかけを与えるほどの影響力をもちます。

難しいことを平易に、かつ面白く読ませるには大変な労力が必要です。本当に専門分野について理解していて、なおかつ幅広い知識と教養がなければ、やさしく人に教えたり伝えたりすることはできません。そういう意味で、私は通俗本こそ知識と知恵の結晶化されたものだと考えています。

ただし、通俗本と一般にいわれる書籍には大きく分けて2種類あります。一つはファラデーの本のように本物の専門家が書いたもの。もう一つは、それこそ門外漢の人物がよく理解せずに書いたもの。専門知識をもっていないため、何が重要で何が重要でないか、どんな順序で説明すればいいかをまったく把握していません。

そうした本に引っかからないように気をつけなければなりません。著者を確認して、まずその分野の専門家かどうかを確認することが大事でしょう。

私が影響を受けた通俗本

通俗本は特に自然科学の分野で多く見られます。アンリ・ポアンカレの『科学と仮説』『科学と方法』の2冊は科学的なものの見方や考え方を解説した本で、世界中でロングセラーになりました。

トマス・クーンの『コペルニクス革命』、ローレンツの『ソロモンの指輪』『攻撃—悪の自然死』なども優れた通俗本です。自然科学の分野では良書の通俗本がたくさん出されています。特に講談社学術文庫や講談社ブルーバックスからこれらのような良書が数多く刊行されているのはうれしい限りです。文系の人でもこのような本をたくさん読んで理数系の世界に触れれば、科学的かつロジカルな視点でものを見る力がつきます。

私自身もブルーバックスシリーズはよく読んでいます。最近では『素数入門』『数論入門』（共に芹沢正三）や『不完全性定理とはなにか』（竹内薫）、『ゼロからわかるブラックホール』（大須賀健）などを読みました。

自然科学だけでなく思想・哲学の分野でも通俗本は重要です。読んでほしい本がたくさんあります。その一つはミヒャエル・エンデの『モモ』。小説として有名ですが、現代社会の問題点を鋭くえぐった立派な思想書、哲学書です。

ノルウェーの児童文学作家であるヨースタイン・ゴルデルの『ソフィーの世界』も哲学の入門書として大変優れています。14歳の少女があるとき手紙を受け取ります。「あなたは誰？」「世界はどこからきた？」という問いに答えるために、哲学の講義を受ける。ソクラテスからカント、ヘーゲルといった哲学者、ダーウィンやフロイトといった科学者などと出会いながら、根源的な問いに答えようと試行錯誤します。読んでいるだけで西欧の思想や哲学史がわかる良書です。

ゴルデル自身は現象学を専門としています。現象学についての言及はないものの、「自分の姿は自分で見えない」という現象学の考え方、立場を作品中でそれとなく披露しているのも大変興味深かった。

哲学者であり数学者、社会批評家でもあったバートランド・ラッセルも通俗本の大家といわれています。『教育論』『幸福論』『結婚論』などのエッセーでも有名ですが、思想哲学という点では『哲学入門』が分析哲学を知るうえで有効でしょう。

分析哲学とは、論理学や自然科学の手法を取り入れた哲学の流れです。難渋な哲学的言語を排し、明晰な論理と言語を使い、その範疇で世界や現象を説明しようとします。形而上的な命題を扱う観念的なフランスやドイツの大陸哲学に対して、イギリスや米国などで主流になった哲学です。

戦前、戦中を象徴する一人の思想家

日本人の思想哲学で通俗本の傑作というと、やはり三木清の『人生論ノート』が挙げられます。「死について」「幸福について」「人間の条件について」という哲学的な話から、「怒について」「嫉妬について」「噂について」など、日常のさまざまな事柄をテーマに、豊富な知識と自由闊達な思考でまとめられている傑作本です。

あまり一般的に知られていないものの、思想・哲学の分野で私が紹介したい通俗本とその作家がいます。一人は西田幾多郎の弟子である田辺元です。戦前、戦中に学生を中心によく読まれた人で、『歴史的現実』では当時の世界のあり方、日本のあり方をわかりやすい言葉で哲学的に意味づけています。

大東亜共栄圏を進める当時の日本と世界の軋轢の中で、その状況を哲学的にどう解釈し規定していたかというのは非常に興味深い点です。田辺元は歴史と人間の関係を哲学的に説きながら、国家の力の中で死に直面しなければならない若者にその意味を語りかけます。

所で我々が死に対して自由になる即ち永遠に触れることによって生死を超越するというのはどういうことかというと、それは自己が自ら進んで人間は死に於いて生きるのであるということを真実として体認し、自らの意志を以て死に於ける生を遂行することに他ならない……（中略）……具体的にいえば歴史に於いて個人が国家を通して人類的な立場に永遠なるものを建設すべく身を捧げることが生死を越えることである。自ら進んで自由に死ぬことによって死を超越することの外に、死を越える道は考えられない。

（田辺元『歴史的現実』こぶし書房、［原著1940年］より）

田辺は当時の学徒出陣で死地に赴く学生に対し、「自ら進んで自由に死ぬ」ことで、死を乗り越えることができると説いたわけです。国家のために命を投げ出すことが、真に生きるということなのだと。

国家にとって都合がよかった田辺の理論

いまならなんとも乱暴な論理だと感じるでしょう。しかし当時の切迫した、生きるか死ぬかの状況下では大いに説得力があった。歴史や民族、あるいは社会のために、何らかの犠牲というものがどうしても必要になる場合がある。

最近でも東日本大震災でメルトダウンした福島第一原発において、高線量の中に飛び込んで作業した人たちがいました。彼らが死と直面することによって、さらなる惨事を防ぐことができたわけです。そう考えると、このような田辺の論理はけっして過去の話でも、特異なものでもないということがわかるでしょう。否応なく迫る死に対して、田辺のこの論理は一つの思想的解決であり態度であったことは事実なのです。実際にこの言に鼓舞され、少なくない若者が自らの命を国家のために投げ出しました。

ただし、巧妙な論理のすり替えが行われていることから、私は田辺の論理も、田辺個人の人間性も大いに疑っています。たとえばキリスト教でも、死によって神の意志を体現するとか、神の国に行くという思想があります。死より大切なものがあり、むしろ死によってそれを成就するというわけです。

日本でもキリスト教徒迫害の時代、多くのキリシタンの殉教者が出たのもその表れです。人間にはもともとそのような思考や意志があり行動パターンがある。宗教の関係でいうなら、それは神という永遠なる存在とその世界を信じるということから生まれてきます。

ただし、神の位置に人間が恣意的につくりあげた国家や社会を持ってくるのは非常に危険です。田辺がやっているのはまさにその作業です。

本来は暴力装置である国家が宗教における神のごとき位置におさまり、そのまま君臨すれば、国家は国民に対して命を捧げることを容易に要求できます。簡単にいえば、人が人に対して死ぬことを強要できる。戦前、戦中の日本は政府や軍部がそれを日本国民に強いたわけですが、田辺はその行為を哲学的、思想的に正当化し補強したと非難されても仕方ありません。

危険思想を知ることで知的免疫力がつく

なぜいまの人たちにそのような田辺の著作をすすめるかというと、けっして彼の考え方に感化を受けてほしいと考えているわけではありません。むしろ、このような論理のすり替え、一見まっとうな理論、美しくわかりやすい言葉に騙されないようにしてほしいからです。そのための反面教師として、彼の著作に触れることが重要になります。

いま世界は右傾化が強まってきているといわれます。グローバリズムが進展し普遍主義が広がるなかで、それに対抗するように民族主義や国家主義が台頭してきているのです。再びファシズムが蔓延する時代にならないとも限りません。

そのなかで、また田辺元のような人物が現れる可能性があります。頭脳明晰で優秀な知的リーダー、弁舌さわやかで才能あふれる人物が出現し、とうとうと自説を展開する。その論理は一見すると正しく、何か力と勇気を与えてくれる人のように感じます。そして多くの人がその論理に惑わされ、感化されていくのです。

手前勝手な論理、すり替えや欺瞞にあふれた論理に騙され、振り回されないためにも、かつてそのようなレトリックを振り回した人物や、その論理をあらかじめ知っておくべきです。危険な人物、論理の予防接種をしておくことで、簡単に乗せられたり騙されたりすることのない知的免疫力がつきます。

田辺は戦争中、軽井沢に移り住みました。それは軽井沢には当時中立国のスイスやスウエーデンなどの外交関係者が住んでいて、絶対に米軍から爆撃されない場所だったからです。情報通である田辺はそのことを知って、真っ先に家族とともに一番安全な場所に避難したとしか思えません。

若者には死ぬことで死を乗り越えろと鼓舞しながら、自分は安全な場所に逃げる。優秀で才能のある人物であることはたしかですが、この事実一つをとっても、私は彼を学者としても人間としても、誠実さに欠けている人物であると判断せざるを得ません。

わかりやすく、人の心に直接働きかけやすい通俗本には、このような一種危険な毒もはらんでいます。同時に、それを読んでカラクリを知ることで、似たようなほかの危険を回避することもできる。これもまた、通俗本ならではの効用です。

補修されるべき戦前と戦後の思想的断裂

田辺とは逆の意味で、その考え方や生き方をぜひ知ってほしい人物が三枝博音です。大学在学中にマルクス主義に傾倒し、卒業後は教職につきながら無神論を研究、戸坂潤とともに唯物論研究会を設立しました。

さまざまな著作がありますが、いまなら『三枝博音著作集』が彼の思想を知るのに最も適しているでしょう。私が注目しているのは彼の実践教育で、鎌倉アカデミアの校長を務めたこと。同校は終戦直後に開校した私立学校で、文部省（当時）の統轄を受けず自由に映画や演劇を教える学校でした。

財政難のためにわずか4年で廃校になり、いまは忘れられた存在ですが、鈴木清順や前田武彦、山口瞳などが生徒でした。重要な知的遺産です。私財を投入し、無給で若者を教えた三枝の生き方も思想も、私には田辺にはない誠実さを感じます。

唯物論哲学だけでなく、広く科学史や科学技術史にも造詣が深く、『小説と倫理』『技術評伝』『私の敬愛する哲学者たち』『美しき生活の倫理　若き女性のための哲学』などの通俗本もたくさん書き、一般にも知られた人物でした。

あとは左翼系の戦前の通俗本として、『中央公論』を舞台に活躍した大森義太郎の『唯物弁証法読本』や『まてありすむす・みりたんす』などは、時代が軍国主義に進むなかでマルクスの思想を正確に解説した本として注目されます。

私がこのように戦前から戦中、戦後の流れにおける思想家の本、それも通俗本を挙げるのにはわけがあります。敗戦によって、日本には戦前と戦後の間に大きな思想的、文化的断裂が横たわっている。ＧＨＱの政策で発禁になった本もたくさんあります。しかし歴史をより健全にとらえるには、内容の是非はともかく、その時代の知的遺産や流れをたどらなければなりません。できる限りその断裂を埋め合わせる作業が必要だと考えます。

日本人の知的レベルは50年前より落ちている

私は皇国史観に立ち戻れというようなことをいいたいわけではありません。そのような考え方や思想がどういうものだったのか、それがあの時代にどのように受け入れられたのか、客観的に知ることが大切なのです。その考え方の根源を知ることで、同じ過ちを繰り返さないという意味がある。

その点で戦前、戦中の通俗本は、時代の雰囲気や流れを知るうえでも参考になるでしょう。先ほどの田辺元の著作もそうですが、たとえば中山忠直の『日本人の偉さの研究』も反面教師として役に立ちます。この著作は「日本人の学生は白人より優秀な人が多い」とか、「座らず足を踏ん張る和式便所が日本人の強さを生み出す」といった、ほとんど客観的な根拠に乏しい暴論で埋め尽くされています。ところが、当時この本は一般の人たちにもてはやされました。

最近の日本のテレビ番組も、やたら日本礼賛の番組が多いようです。日本の技術力のすごさや文化の奥深さに外国人がやたらに驚く。しかし二十年、三十年前には、逆に外国人が日本の文化や風習に戸惑ったり、おかしく感じたことを披露したりする番組が多かったと思います。一見自虐的ですが、それはある意味で自信や余裕があったからかもしれません。日本経済が最も強く、『ジャパン・アズ・ナンバーワン』（エズラ・F・フォーゲル）がベストセラーになった時代です。

日本礼賛番組の全盛は、日本人が弱っている、国力が傾いているからこそ、日本の力をあえて認識して安心したいという気持ちの表れかもしれません。あるいは厳しい国際関係が続くなか、潜在的な戦争への恐怖があるのか。よく考えてみなければなりません。

まさに『日本人の偉さの研究』というトンデモ本が話題になった時代も、世界情勢が緊迫し、戦争の足音が近づいていたときでした。過去のトンデモ本を知ることで、現代の状況や病理を知ることができるのです。

通俗本と意識せず、通俗本を読んでいる可能性もあります。前に触れた加藤周一の『読書術』ですが、実は1962年に光文社のカッパブックスから発行されました。カッパブックスはどちらかというと一般読者向けで、インテリ層はほとんど読まないものでした。

ところがこの本が現在は岩波現代文庫から出されている。つまり50年前のカッパブックスのレベルが、いまの岩波現代文庫のレベルになっているのです。

少し前に新書ブームがありましたが、新書もまた同じように、かつての岩波新書といまの岩波新書を比べると、いまのほうがエンターテイメント性が高く通俗化しているというのが実情です。通俗本が悪いわけではありません。読んでいる本を通俗本として認識できているかどうかが問題なのです。

新書や文庫だけを読んでいても、本当の体系的な知識が身につきにくいことは事実です。やはりバランスよく専門書も読むことをおすすめします。

ミステリーやSFは思考を補強してくれる

幅広い知識や柔軟な思考を保つには、通俗本はもちろん、さまざまなジャンルの本をバランスよく読む必要があります。

ミステリーは思考力や推理力をつけるうえでよい分野でしょう。池上彰さんは鋭い分析と洞察に基づくニュース解説などでおなじみですが、ミステリーを読むことで分析力や洞察力を身につけることができたといいます。

池上さんは、新人記者時代に優秀な先輩記者から松本清張をすすめられてから、すっかりミステリーファンになったそうです。良質のミステリーにはさまざまなトリックや伏線が仕掛けられているため、情報の真偽を見極める力や選択眼が磨かれます。主人公と一緒に犯人捜しをすることで、注意力、分析力、洞察力が自然に鍛えられます。

私も松本清張の『黒の手帖』といわれる創作ノートを基に、彼の作品を取り上げた本を共著で出したことがあります。そのときにわかったのは、優れたミステリーは心理分析にしても社会分析やトリックの見極め方にしても、インテリジェンスの世界にそのまま通じるものがあるということでした。

文系の人が理数系の知識や論理的な思考を学ぶうえではSF小説も有効です。古典と呼ばれるくらいの良質な名作は、科学理論を基礎としながら、その可能性を豊かな想像力でさらに膨らませています。一見すると飛躍があるようなストーリーでも、しっかり科学的根拠や科学理論を踏まえているのです。

SFの始祖はジュール・ベルヌやH・G・ウェルズといわれています。ベルヌの『月世界旅行』は1865年に刊行された砲弾に乗って宇宙空間に飛び出し月まで行くという話ですが、約100年後の米国のアポロ計画でそれが実現しました。1870年の『海底2万里』に出てくる潜水艦は当時は実在していませんでしたが、約20年後にスペイン海軍が実現しています。

また、ウェルズは『タイムマシン』を著し、時間を自由に行き来する機械「タイムマシン」を想定しました。主人公はタイムマシンに乗って未来の世界へ行き、そこで二極に分化した人類に出会います。エロイという人たちは地上の理想郷で暮らしているのに対し、モーロックという人たちは地下世界に暮らし、エロイたちを襲って食べて生きています。

これは当時の有産階級と無産階級の二つの対立を暗示していて、SFであると同時に社会分析や社会批評にもなっていました。良質のSFは科学的な裏づけだけでなく、社会に対する鋭い洞察や分析をもっています。だから数年後、数十年後、あるいは数百年後にその技術が誕生したり、描かれた社会が実際に到来したりすることがよくあるのです。

しかし、最近の日本のSF小説は荒唐無稽な空想、ファンタジーに終始する作品が多いのも気になります。おそらく、日本人全体の自然科学的な思考、論理的思考が弱くなっているいることの象徴ではないかと危惧しています。

専門書4割、エンタメ本6割でちょうどいい

ミステリーにしてもSFにしても、楽しんで読めるという娯楽性が一番の特徴です。先の通俗本も同じように肩の力を抜いて読むことができる。いずれにしても一流の作品、名作や古典となっている本は、楽しく読めながらたくさんのことを学ぶことができる内容になっています。

体系的な知識を専門書などで身につけることも大事ですが、これらの本のように楽しみながらその知識を補強し、さらに広がりをもたせることも重要です。専門書とこれらの通俗本やエンターテイメント性の高い本の割合は、それぞれ仕事や目指すところによって違うと思います。

アカデミックな分野で仕事をする人なら専門書を中心に体系的な知識を身につけなければなりませんが、一般のビジネスパーソンの場合は仕事に関する専門書を読む時間が3割から4割として、通俗本や小説などエンターテイメント性の高い本を6割から7割くらいでちょうどいいのではないでしょうか。

私の場合、通俗本や小説などを読む時間もけっこう多いのです。専門書だけでなく幅広い読書を心がけることで、思考が硬直化するのを防ぐと同時に、新たな好奇心や興味をかき立てることができます。

今の漫画のクオリティを侮ることはできない

その意味で漫画もよく読みます。読書好きの人は漫画を軽く考える傾向がありますが、最近の漫画は下手な小説や評論などよりリアルに、現代社会や人間を描いているものが少なくありません。

最近でいうなら、なんといっても累計3000万部を超えた『キングダム』（原泰久）でしょう。春秋戦国時代の中国を描いた同作品ですが、そこで描かれている戦いとサバイバルは、まさに現代のグローバリゼーションが進んだ弱肉強食の世界を連想させます。

過酷な競争社会を生き延びていくには、それぞれの戦略が必要です。『キングダム』に登場する武将の葛藤や戦いを追うと、現代の厳しい競争社会でいかに立ち回り、生きていくべきかという問いに対しての答えが見えてきます。

たとえば軍略家で知られる玄峰と、それに戦いを挑んだ信の話は示唆的です。玄峰は信の性格を分析し、その行動を予測します。玄峰はワナを仕掛け、信の軍を自陣に攻め入らせてからその後続を断ち、孤立させます。策略が功を奏した玄峰は信の軍を追いつめるもそれ以上深追いせず、今度は退却します。結果として、玄峰の軍の被害は少なく、逆に攻め一方の信の軍は、一見進攻しているようで累々たる屍を築いてしまいます。

逃げるが勝ちという言葉がありますが、戦いにおいては突撃より退却が正解のときもあります。これができなかったのが第二次大戦中の日本軍で、ガダルカナルの戦いなどはまさにその典型でしょう。

米軍の力を過小評価し、圧倒的な火力を誇る敵に対して戦力の逐次投入でごまかそうとする。勝ち目のない状況であるにもかかわらず退却という断を下すことなく、進軍と突撃を繰り返すことでさらに損害を拡大してしまう……。

退却や後退は次の反攻を企図するには必要不可欠な戦術でもあります。それを理解せず、勇ましく突撃して戦うことだけが戦術だとするのはあまりにも稚拙な考えです。

日本人には、どうもそこのところの冷徹な見極めが苦手なところがあります。体裁や格好にこだわり、おかしな美学や感情論が入り込んでくる。近代以降の戦争を遂行するのに、日本人の精神構造はふさわしくないのではないかと疑っています。

　このようなことは戦争の場面だけでなく、私たちの日常の生活においても見られます。頑張ること、努力することがとかく推奨されますが、ときには頑張らずに退いたほうが妥当な場面がある。はっきりいえば、逃げたほうがいい場面があるのです。

　たとえば会社でこなしきれないほどの仕事を押しつけられる。あたかも自分の責任のように追いつめられますが、そこでの頑張りは必ずしも報われません。特に、社員をいかに効率的に働かせられるかを追求しているようなブラックな組織であればなおさらです。

　そんなとき、どんなに周りから無責任だ、仕事ができないなどと罵られようが、ちゃっかり手を抜いたり上手にサボったりすることが大事になってくる。信のようにがむしゃらに突き進めば、自分が潰れてしまいます。

　玄峰にならって戦略的に退却する。それによって自分を守る。自分が潰れるのを防ぐだけではありません。それによって次のチャンスに備える。積極的な撤退、逃げができる人が、最後に笑うことができるのです。

『うずまき』が描く出口のない世界

今後ますます競争が激化する社会で、企業も個人もいかに生き残るか、サバイバルの知恵と行動が重要になってきます。『キングダム』は、まさにそんな過酷な時代の雰囲気を見事に反映している作品です。

漫画はいまや知性や教養を高め、いまを生きるヒントや示唆を与えてくれるものでもあります。単に若者の間だけで流行しているのだろうと敬遠するのではなく、そこにあるメッセージや意義を読み取ろうとすることも必要です。

その意味でもう一つ紹介したいのが、伊藤潤二さんによる『うずまき』です。東京拘置所から保釈され、ＪＲ中央線沿線に住んでいたころ、電車内で女子高校生たちがこの漫画を見ながらしきりに怖がっている。表紙を見ると『うずまき』というタイトルでした。そのときはそのままだったのですが、一週間くらいあとになって突然読みたくなりアマゾンで注文したのです。

映画化もされている作品ですが、これが読んでみるととても面白い。主人公である黒渦町に住む女子高生の周囲では、次々にうずまきに関係する摩訶不思議な現象や惨劇が起こる。うずまきには、中心から外に輪になって広がる運動性、その拡散と求心のイメージがあります。

それゆえ古来、呪術的なシンボルや芸術のモチーフになってきました。そんなうずまきがどんどん人間の心や生活、社会に侵食してくる不気味さが描かれています。特に主人公の恋人の父親はうずまきの魅力にとりつかれ、仕事もせずにうずまき状のものをひたすらコレクションして悦に入っている。

その姿が、本業の仕事をおろそかにして株やFXに熱中するビジネスパーソンの姿にダブって鬼気迫るものを感じました。時代はちょうどバブルが崩壊して不況に陥っていく閉塞感にあふれている。うずまきの形に、そんな時代精神が表れていました。ちなみに、現在私はこの漫画のノベライズ（小説化）をしています。

漫画はこのような時代とその精神を無意識的に表す力を秘めている。そのメッセージを読み説き時代を理解する感性も、先の見えにくい時代にはより重要になってきます。

女性作家の小説は時代を鮮やかに切りとる

時代を読むという意味で、注目を浴びている現代作家の小説を読むことも役に立ちます。特に最近は女性作家の活躍が目立ちます。なかでも注目しているのが本谷有希子さんとその諸作品です。

『異類婚姻譚』は自分の顔がだんだん夫の顔に似てきていることを気にするようになった専業主婦が主人公です。その夫の顔が、家でテレビを見ているときに時折ぐにゃりとズレる。もしかすると夫は人間のようでいて実は人間ではないのではないか？　そんな疑問を抱くようになります。

この作品の特徴は、登場人物の間になんの葛藤も起こらないことです。通常、小説というものは登場人物同士の葛藤や軋轢、事件を描きながら、人間の本質や生きることの意味などを解き明かしていくものです。

ところがこの小説には取り立てて葛藤も事件も起きません。主人公と夫、近所の人たちや知り合いとのやり取りや出来事はあるものの、それぞれが全員別々の方向を向き、けっして向き合うことがないのです。

主人公の夫はＩＴ系の企業に勤めていますが、家に帰ってくるとビールを飲みテレビのバラエティ番組を見ることが至上の楽しみ。「家では何も考えたくない」と宣言し、妻の話をまともに聞こうとしません。

この夫はときどき気まぐれのように料理に夢中になったりしますが、奥さんのためにということではなく、あくまで自分の趣味。二人で旅行や買い物にも出かけ、一見夫婦として成り立っているようで、そのじつ、そこに人間的な温もりは感じられません。

主人公もそんな夫婦関係に疑念を抱きつつ、生活の安定を最優先し特に文句をいうわけでもなく、淡々と日々がすぎていきます。

愛情で結ばれている関係ではなく、世間的な体裁と日常の安定を最優先する、お互いの打算とエゴイズムの上に成り立つ結婚生活です。

夫婦であって夫婦でない。人間であって人間でない――。すべての関係が擬態であり、本当の姿を隠している。いや、もしかすると本当の自分、本当の関係というものさえ見えない時代なのかもしれません。夫の顔がズレていくのも、自分の顔が夫に似ていくのも、その隠喩ではないか。すぐれた文学作品には、往々にしてそうした時代を象徴する要素が隠されています。

この作品は2015年、第154回芥川賞受賞作品ですが、葛藤なきストーリーが小説として成り立つところにいまの時代が反映されています。私たちの日常生活自体が、他者が存在しない閉鎖的なものになってきているのかもしれません。

インターネットやSNSで一見コミュニケーションは多様化しているように見えて、実際は関係が非常に希薄になっている時代、他者が存在せず自己愛的に生活が完結している現代の病理を表現した傑作です。

ヒット作は時代の変化を先駆的に象徴している

もう一つは山崎ナオコーラさんの『人のセックスを笑うな』。19歳の主人公の若者は美術専門学校の講師で39歳のユリに思いを寄せます。二人は関係をもつようになりますが、突然ユリは芸術家の道を諦め、夫と二人でミャンマーに旅立ちます。

ユリの人生の転換点において、若き主人公はまったく出番がありません。ぷっつりと関係を切られ、置き去りにされた主人公は喪失感と虚無感に落ち込みながら、なんとか自分を保とうとするところで物語は終わります。

この作品から読み取れるのは男女の関係の逆転現象です。男と女の間に生まれるさまざまな快楽と苦痛のなかで揺れ動く主人公の青年に対し、ユリはまったく動じません。自分の感覚と感性にしたがい、将来の目標のために若い主人公との関係をいとも簡単に清算します。過去にとらわれず、目線はつねに未来を向いたまま。

これまでの文学作品の多くはむしろ男性はわが道を行き、置き去りにされる女性が煩悶し葛藤するストーリーが多かった。この作品ではそれが逆になっています。

本質的には女性のほうが割り切りが早く、自分の目的にストレートな生き方をするものかもしれません。男性は諦めが悪く過去を引きずる。繊細で傷つきやすい男性と、自分の欲望と目的に忠実で、周囲の視線にとらわれず自由な女性――。

いま男女の恋愛における力関係は大きく変わりつつあります、いや、もはやすっかり変わってしまったのかもしれません。この作品もまた、現代というものを映し出しています。

自己愛の強い時代を象徴する恋愛小説

そのほか、柚木麻子さんの『伊藤くんA to E』も面白い作品でした。おじの経営する学習塾で働く、若いイケメンの伊藤くんが主人公です。シナリオライターを目指す彼はナルシストで自己愛が強い。彼を取り巻く女性たちとの関係がオムニバスに描かれますが、いずれの関係も「絶対に自分は傷つかない」ということが大前提です。

自己愛の強い人間の恋愛は、自分が傷つくようなことを徹底的に避けるという特徴があります。主人公は自分に興味をもってくれる相手が自分より能力がある場合は相手を攻撃し、その自信を奪おうとします。自分が弱い立場に追い込まれそうになると、その危険を察知して早々に関係を断ち切る。

一方で自分勝手に相手を縛り、相手から別れを切り出されると逆上して暴力を振るう典型的なストーカーでもあります。この作品では主人公だけでなく、登場人物の女性たちもそれぞれ病んでいて、最後の修羅場の場面は読んでいるだけで息苦しくなるほどです。

自己愛性パーソナリティ障害という、他人とまっとうな関係を築けない自己愛の強すぎる人が増えていますが、この作品はまさにそんな時代の病理を描いた傑作です。

そのほか、ベテラン作家であれば川上弘美さんや宮部みゆきさん、恩田陸さん、若手では綿矢りささんなどの諸作品はみずみずしい感性と時代を鋭くえぐる視点をもった傑作、名作が多いのでおすすめです。

ビジネス社会で生きていると、競争原理の中で視野狭窄に陥り、頭が固くなりがちです。仕事に追われるうちに、話すことといったらビジネスと健康のことだけというような、寂しい人間になってしまう危険がある。

そうならないためにも、こうした女性作家の作品に触れて視野を広げ、別の角度から世の中を見ること、みずみずしい感性に触れることは非常に有益です。

Vシネ作品は裏社会の現実を教えてくれる

私自身も、仕事がら専門的な情報や知識に触れる機会が多いので、頭を柔らかくするという意味でも通俗本やミステリー、SF、小説などを読みます。

学術書などを読んで脳が疲れてきたと感じたら、これらの本で脳の別の部分を刺激、覚醒させるのです。脳がリフレッシュして効率が上がるのがわかります。

その意味で、私は活字だけでなく映像媒体もよく見ます。Netflix（ネットフリックス）やhulu（フールー）、Amazonプライム・ビデオなどの定額見放題の動画配信サービスがあり、映画やVシネ、テレビドラマのアーカイブなどコンテンツも豊富です。

これらは気分転換であると同時に、いまの世の中を知るためのツールでもあります。

たとえば『闇金ウシジマくん』や『闇金の帝王』は、現代の金融資本主義の底辺、弱肉強食の世の中を見事に描いています。一般人がどうやって借金地獄に堕ち、人生の奈落に引きずり込まれていくか。その背景の資本主義社会の現実と残酷さが、どんな経済書を読むよりリアルに迫ってきます。

最近私がハマったのは『難波金融伝・ミナミの帝王』で、以前は帝王役を竹内力さんが演じていましたが、『新ミナミの帝王』では千原ジュニアさんが主演。これも雰囲気が変わって面白かった。

このようなアウトローの世界、ヤクザものの世界がなぜ世の中を映し出しているかといえば、世の中の矛盾、隠したい現実はこの世界にこそ如実に現れるからです。

国家とアウトローの世界は本質的には同じ

かつて外務省という国家の中枢にいた私にいわせれば、外務省の本質はここで描かれている世界とほとんど変わりありません。というのも国家という権力機構は、本質的に最大の暴力装置でもあるからです。

法をつくり、法を守らない人間を逮捕し監禁し、究極的には殺すことができる。法と権力を有し、国民を恭順させるというのは、力の裏づけがあってはじめて可能になります。警察力や防衛力という、いざとなれば人を傷つけ殺すことができる力、すなわち合法的な暴力機関を有している。

税金を徴収しそれを納めている国民を守るといえば格好よく聞こえます。しかし本質的には、地元のヤクザ者が縄張りで商売をする人間からショバ代を巻き上げ、その代わりよそ者から守るというのと大して変わりません。

ヤクザのいうことを聞かなければ嫌がらせをうけたり暴力を振るわれたりします。国家であれば私有物を差し押さえられたり、法的に罰せられ刑務所に入れられたりします。

金融機関も銀行などは社会的なステータスや信用があり、いまでも大学生の就職先として人気があるようですが、貸したお金の金利で利益を得ているという点で、高利貸しとの本質的な違いはありません。

誤解を恐れずにいうなら、国家も金融機関も、それによって生み出されるシステムも、本質的にはヤクザやマフィアと共通するものをもっているということです。アウトローが活動するVシネの世界は、けっして私たちの社会の反対にある世界ではない。同じ線上で、むしろ世の中の本質を如実に映し出す世界なのです。

世の中を知り本質を見極めるには、専門書や学術書だけではなく、通俗本や小説、エンターテイメント性の高い本や映像媒体などに幅広く当たることが肝要なのです。

『ロウソクの科学』（ファラデー／角川文庫）

『科学と仮説』（ポアンカレ／岩波文庫）

『科学と方法』（ポアンカレ／岩波文庫）

『コペルニクス革命』（トーマス・クーン／講談社学術文庫）

『ソロモンの指環』（コンラート・ローレンツ／ハヤカワ文庫ＮＦ）

『攻撃——悪の自然誌』（コンラート・ローレンツ／みすず書房）

『素数入門——計算しながら理解できる』（芹沢正三／講談社）

『数論入門』（芹沢正三／講談社）

『不完全性定理とはなにか』（竹内薫／講談社）

『ゼロからわかるブラックホール』（大須賀健／講談社）

『モモ』（ミヒャエル・エンデ／岩波少年文庫）

『新装版 ソフィーの世界（上・下）』（ヨースタイン・ゴルデル／ＮＨＫ出版）

『ラッセル教育論』（岩波文庫）

『ラッセル幸福論』（岩波文庫）

『ラッセル結婚論』（岩波文庫）

『哲学入門』（バートランド・ラッセル／ちくま学芸文庫）

●『人生論ノート』（三木清／新潮文庫）
●『歴史的現実』（田辺元／岩波書店　※プリントオンデマンド）
●『三枝博音著作集』（三枝博音／中央公論社）
●『唯物弁証法読本』（大森義太郎／社会主義協会出版局）
●『まてりありすむす・みりたんす』（大森義太郎／中央公論社）
●『日本人の偉さの研究』（中山忠直／先進社）
●『月世界旅行』（ジュール・ベルヌ／学研小学生文庫）
●『海底2万里』（ジュール・ヴェルヌ／新潮文庫）
●『タイムマシン』（ハーバート・ジョージ・ウェルズ／光文社古典新訳文庫）
●『キングダム』（原泰久／集英社）
●『うずまき』（伊藤潤二／小学館）
●『異類婚姻譚』（本谷有希子／講談社文庫）
●『人のセックスを笑うな』（山崎ナオコーラ／河出文庫）
●『伊藤くんA to E』（柚木麻子／幻冬舎文庫）
●『闇金ウシジマくん』（真鍋昌平／小学館）
●『ミナミの帝王』（天王寺大、郷力也／日本文芸社）

第6章

キリスト教者をつくる本の読み方

私をキリスト教へと導いた母の実体験

第3章でも書いたように、私がキリスト教と出会ったのは母を通してでした。母は沖縄県出身で、太平洋戦争後の沖縄で、戦前の日本基督教会系の牧師からキリスト教の洗礼を受けました。

太平洋戦争末期、沖縄に米軍が上陸すると母は本島南部の摩文仁の浜辺にある自然壕（ガマ）に隠れました。しかしほどなくして米軍に発見されます。

投降するよう米軍に勧告されたとき、母は自決用の手りゅう弾の安全ピンを抜いたそうです。そのまま地面に叩きつければ爆発。壕の中にいた17人は全員即死する。2、3秒躊躇していたときでした。隣にいた北海道出身の伍長が「死ぬのは捕虜になってからでも遅くない。とにかくここは生き抜くことです」と諭し、母は手りゅう弾を爆発させることなく、全員が捕虜となったそうです。

「私は、神様はいると思う。あの激しい沖縄戦で周りの人たちが銃弾にバタバタ倒れていくなかで、自分には弾が当たらなかった。最後に自決を考えたときも踏みとどめさせられた。この命は神様から与えられたものとしか考えられない。だから大切にしなくてはいけない。戦争を通じて実感した」と話していました。キリスト教に深い造詣と関心があったということではなく、素朴にイエス・キリストを信じることで救われるのだと考えたのです。そこで洗礼を受けて、プロテスタントのキリスト教徒になりました。

「人間にとって一番大切なのは自分の命を自分のために使うのではなく、他人のために使うことだ。人間は神様のようにはなれないけど、ほんの少しでもイエス様の生き方を見習って、人のためになる人生を送ってほしい」と、ことあるごとに話していました。

前述したとおり、私の父との結婚では宗教の自由を認めるというのが母の出した条件だったそうで、実際に若いころは父も何度か一緒に教会に顔を出したようです。ただし、人生は自分の力で切り開くものだという「自力救済」を重視する父は、結局のところ宗教とはなじめなかったようです。特に、「絶対他力」を信条とするプロテスタントの教えに帰依することは難しかったのでしょう。

ただ、父は基本的に宗教には寛容で、母親が私と妹を教会に連れていくことには反対しませんでした。おかげで私は小さなときから教会へ行き、牧師や信者たちから、さまざまな話を聞くことができたのです。教会の人たちはみなとても優しく魅力的でした。

神様はすべてを見ていて、ウソをついてはいけないこと、天国には神様のノートがあり、このノートに救済される人とそうでない人があらかじめ書かれていること、人間は自分のために生きるのではなく、神様の御心にしたがってその栄光のために生きることなどを教えてくれました。

そのためには人のために祈り、自らの命を捧げた神の子、イエス・キリストの生き方に少しでも近づくように努めることが求められます。教会でのこのような話を聞きながら、次第に私はキリスト教的な考え方に傾倒していくことになります。

自分の中の「悪」を意識したきっかけ

キリスト教的なものの考え方は、ときに時代や社会の流れと乖離し相反する場合があります。中学校に入ると高校受験に向けて勉強も大変になり、競争も過酷です。いやでもその流れに巻き込まれ、成績を競いながら少しでも上に行くことを望むようになります。

キリスト教の考えでは、人間が人間に順番をつけたり評価したりすることを認めません。人間を評価するのは神様の仕事だからです。ただし、神様は努力する人間、頑張る人間を喜びます。頑張れる場所、活躍できる場所は人によって違う。勉強ができる人、スポーツが得意な人、人を助けることが好きな人はそれぞれの分野で力を発揮できるようにあらかじめつくられている。

自分のあるべき分野を見つけ、そこで努力することを神様は望まれている。受験勉強もその流れのなかで頑張るべきだ。受験は人間が人間を評価し順位をつけるものですが、当時はそのような理解で自分自身の境遇を納得させていました。

ただし、中学校2年生のときに事件が起きます。私と同じ団地内に住む同学年の子が突然亡くなってしまった。どうやら、さまざまな事情があっての自殺だったようでした。

その子とは子どものときから一緒に遊んで、いろいろ思い出があっただけにショックでした。しかも、それが自殺だったということが拍車をかけた。しかし、それよりさらに私自身にとって衝撃になったことがありました。

亡くなった子は成績が優秀で、私と同じように浦和高校を目指していました。私は彼の突然の死に、ほかの子どもたちと一緒に悲しみに暮れ涙を流す中で、ふと受験の競争相手が一人いなくなってホッとしている自分に気がついたのです。

このことは私にとって最も重い衝撃になりました。他人の死を好機のように受け止めた自分に対する激しい嫌悪感――。その気持ちがまるで滓のように心に沈殿し、つねにそれが私自身を苦しめました。

あるとき、他のクラスの副級長をしている女子生徒から連絡があり、どうしても話したいことがあるという。話とはまさにその亡くなった子の話でした。

「佐藤君は人が死んでよかったと思ったことはない？」

女子生徒も私とまったく同じ気持ちに悩んでいたのです。私は「あるよ」と答えました（この事件に関しては、『先生と私』（幻冬舎）という書籍に詳しく書いています）。

ただ、結果的にこの事件は自分の中にある「悪」を強く意識させました。はたして、自分は神様に救われるに値する人間なのか、正しい生き方をしているといえるのか――。

罪悪感に苦しむ私を救ってくれたもの

そんな私を救ってくれたのがキリスト教会の牧師さんでした。御殿場で行われた教会のキャンプで牧師さんたちの話を聞いているうちに、どうしても心中を打ち明けたい思いに駆られました。

牧師さんは私の話にしっかり耳を傾けてくれて、そのような気持ちをもつことが私たち人間のもつ罪なのだといいました。ただし罪人であることを認め、神様の前で告白することが大事だというのです。そして、「私は罪人です。この考え方や生き方をあらためるよう努力します」とお祈りすることが重要だということでした。

私はいわれたように神の前ですべてをさらけ出しお祈りし、それによって重苦しい煩悶はかなり楽になったことを覚えています。

その後、第3章でも触れた日本キリスト教会大宮伝道所の新井先生が病気で倒れ、病院にお見舞いに行きました。病室を訪れた私に、新井先生はいろいろな話をしてくれました。厚生省（当時）を辞めて牧師になったけど、自分自身はけっしてそれによってよい人間にはなれなかったと、ため息交じりに話してくれました。

「ほかの牧師が伝道で成果をあげたことを聞くと嫉妬したり、逆に教会員とうまくいかずトラブルになった話を聞くと、表向きは同情しながらそれを喜んでいたりする自分に気づきます。私はとてもイヤな人間です。その性格は変わらないのです」

新井先生の言葉に、思わず私は自殺した生徒の話をしました。そして競争相手がいなくなってホッとした自分のことを打ち明けました。新井先生は先の牧師さんと同じく、「それが私たちの罪なのです」といって、ベッドの上に座ってお祈りしてくれました。私は涙をこぼしながらお祈りの言葉を新井先生とともに唱和しました。

私は二人の牧師さんに大いに感謝するとともに、次第に宗教の力、キリスト教の力、さらにいうなら目に見えない神様の力と存在を意識するようになったのです。

人が人を救うことはできるのか

この時期、キリスト教に対する思いをさらに深めるきっかけになったのが、三浦綾子の『塩狩峠』という作品です。この本は塾の岡部先生がすすめてくれました。

鉄道職員として北海道に赴任した主人公の永野信夫は、その働きぶりと誠実な人柄が周囲から評価され着実に出世していきます。彼は敬虔なキリスト教徒であり、つねに神の存在を意識しながら行動します。

そんな彼が結婚することになり、結納のために名寄から旭川経由で札幌に向かいます。ところが列車が塩狩峠に差し掛かったとき、最後尾の客車の連結器が外れ、坂道を逆走して下り始めます。カーブの多い峠で加速がついた客車はいつ脱線してもおかしくない。

鉄道職員である彼は必死で手動ブレーキを引き停止を試みますが、非情にもブレーキはうまく作動しません。そこで永野はとっさに線路に飛び込み、客車に自らの体をひかせることで暴走を食い止めます。

自己犠牲の精神をテーマにした創作だと思うかもしれませんが、これは実際に起こった事件を基にしています。いまから100年ほど前の明治42（1909）年、鉄道職員でキリスト教徒だった長野政雄という人が、天塩線（現在の宗谷本線）に非番で乗った際、小説と同じような経緯で結局客車にひかれて殉職してしまいます。そのおかげで客車は停止し、残った乗客全員が助かりました。はたして実際に身を投げて止めたのか、それとも止まったのは偶然だったのかは目撃者がいないのでわかりません。

長野さんは敬虔なプロテスタントでした。職場でも性格破綻者としてどの部署からも見放されたような社員を何人も引き受け、献身的にとことんつき合う中でいずれも見事に更生させたそうです。人望がとにかく厚かった。

それだけに、この事件があっても誰もが「長野さんなら自ら飛び込んで客車を停めたに違いない」と真っ先に信じたといいます。おそらくそうだったのだと私も考えます。世の中には、イエス・キリストのように本当に自分の命を投げ出して他人を救う人がいる。奇跡のようなことが起きるのはキリスト教のもつ力なのかもしれない――。

自己の中の悪というものの存在に慄《おのの》いていた私にとって、この小説と、この小説のモデルになった長野政雄という人物に強くひかれるものがありました。同時にキリスト教という宗教のもつ力にもますます関心が高まりました。

罪深い自分ではあるものの、もしかしたら自分の中にも長野さんのような気持ちがあるかもしれない。キリスト教に帰依することで、そのような自分になることができるかもしれない。その考えは自分の希望と支えになったのです。

一人旅で『塩狩峠』の舞台を訪ねる

受験を終えて中学から高校に進学するまでの春休みを利用して、私は北海道へ一人旅に出かけました。きっかけは高校受験を終えた私にいった父の言葉です。父は受験勉強のこれまでの労をねぎらいながら、「卒業式が終わってから高校の入学式まで、約3週間の休みを利用して国内でどこか一人旅に出てくるといい」とすすめてくれたのです。

というのも、以前から私はソ連・東欧を一人でまわってみたいと話していました。両親は高校生の夏休みにそれを実現してくれると約束していましたが、いきなり海外への一人旅行はハードルが高い。その予行演習として父は国内の一人旅をすすめてくれたのです。

父は親戚の住んでいる兵庫か沖縄を考えていました。ただ、どちらにしても親戚がいるので本当の意味での一人旅にはなりません。そこで私が北海道に行きたいというと両親は最初驚いていましたが、自分の好きなところに行くのがいいと許可してくれました。

北海道を旅する目的はいくつかありましたが、一つは三浦綾子の小説の舞台になった塩狩峠をこの目でたしかめてみたかったこと。小説中の永野信夫、モデルになった長野政雄さんが実際に客車の下敷きになった場所です。

中学校の卒業式が3月14日、私はその夜に上野を出発し、函館、札幌、和寒、稚内、帯広、釧路、根室などを約2週間かけてまわることにしました。和寒は主人公の永野信夫、実在の長野政雄が実際に線路に飛び込んで客車を停めた塩狩峠にほど近い場所にあります。そこに一泊して、塩狩峠をじっくりこの目でたしかめることにしました。

同宿に北関東の商業高校3年生がいました。彼もまた『塩狩峠』を読んで感動し、足を運んだという同類でした。すぐに意気投合し、次の朝、一緒にユースホステルから塩狩峠までバスで行きました。近くに塩狩駅があり、その駅長さんに様子を聞くと、駅の数百メートル先に長野政雄が飛び込んだ場所があるとのことです。駅長の方が私たちを現場まで案内してくれました。

1メートルくらい積もった雪は思ったより固く、私も連れも何度か転んで尻もちをつきながら、次第にその場所に近づきました。小説で永野が殉職したあと、現場を訪れた婚約者のふじ子が、同じように一面雪に覆われた塩狩峠で突然ばたりと突っ伏して泣くシーンがあります。私はふと、真っ白な雪景色のなか、ふじ子の泣き声が聞こえてきたように感じて涙があふれました。見るとその高校3年生も目にいっぱい涙を溜めていました。

聖書に書かれた「自己犠牲」の本当の意味

「一粒の麦、地に落ちて死なずば、唯一つにてあらん」

小説の最後にある聖書の言葉です。一粒の麦は土に落ちて一粒の麦としての存在は終わってしまうが、それによって芽が出てやがて穂になり多くの実を結ぶ。この話は、子どものころから教会で何度も聞いていました。

イエスは礼拝のためにエルサレムを訪れたギリシャ人にこういいます。

「人の子が栄光を受けるときが来た。はっきりいっておく。一粒の麦は、地に落ちて死ななければ、一粒のままである。だが、死ねば、多くの実を結ぶ。自分の命を愛する者は、それを失うが、この地で自分の命を憎む人は、それを保って永遠の命に至る」（「ヨハネによる福音書」12章より）

「自分の命を憎む人」というのは、自分の命に固執しない自己犠牲の精神がある人、という意味でしょう。私の心中には、同級生の死に際して競争相手が消えてホッとするような悪が内在していながらも、同時に長野政雄さんのような自己犠牲をいとわない生き方に、強い感銘を受ける心も併せもっています。

尊い自己犠牲を遂げた先人の足跡をたどることで、自分の罪を認識しつつも、少しでも自分を高めることができるのではないかと考えました。いつか私も、いずこかで、一粒の自分の命を捧げ、豊かな実りを結ぶことができないだろうかと。

塩狩峠に一緒に行った高校生は、近いうちに洗礼を受けると宣言しました。

自分はどうするか。以前、新井先生に相談したときには、早まって洗礼をする必要はないと諭されました。さまざまな価値観に触れて、じっくり考えて本当にキリスト教徒になる決意ができてからでも遅くはない。早々に洗礼を受けて、もし後悔することになってはいけないし、むしろ神の意に背くことになる。母も同じ考えのようでした。

私は高校3年生の彼にそのことを告げ、もう少し時間をかけて判断するつもりだと答えたのを、いまでもはっきり覚えています。

信じることの重さを教えてくれた一冊

もう一冊、私がキリスト教のことを深く考えるようになった小説が、遠藤周作の『沈黙』です。2016年、米国のマーティン・スコセッシが本作品を「沈黙―サイレンス」として映画化したため、それによって知っている人が多いかもしれません。

中学時代、私に読書の醍醐味を教えてくれた塾の岡部先生から、「プロテスタントの真髄を学ぶなら三浦綾子の『塩狩峠』、カトリックの真髄を知るなら遠藤周作の『沈黙』を読むことだ」と教えられたのがきっかけです。

ポルトガルの若き司祭ロドリゴは、宣教師で自分の師匠でもあるフェレイラ教父が日本で棄教したという情報の真偽をたしかめに日本に乗り込みます。当時、日本には幕府のキリスト教禁教令が出ていて弾圧の真っただ中でした。若い宣教師を導いたのはキチジローというキリシタンですが、結局彼は途中で彼らを裏切り、密告します。そのため潜入した宣教師たちは次々捕らえられ、拷問ののち処刑されてしまいます。

棄教を良しとせず処刑場に引かれていく信者たち。彼らの多くは潔く、死の間際でも神を称え、やがて自分が召されるであろう天国への思いを語り処刑されていきます。その神々しい姿に、民衆にはむしろイエス・キリストやキリスト教に対する畏敬の念が高まる。

そこで幕府はイエスの処刑を連想させず、最も見苦しくかつ残酷な処刑方法を編み出します。その一つが「穴吊り」。信者の体を蓑で包み、穴の中に逆さに吊るすのです。血がのぼって簡単に絶命しないよう、こめかみや耳に穴をあけておく。極限の苦しみが長時間続くため、棄教に応じるものが続出したといいます。

フェレイラもまた「穴吊り」によって棄教した一人でした。作品のクライマックス、ロドリゴが処刑される前夜にフェレイラと交わす会話が印象的です。真夜中の獄中、官吏のいびきの音だと思われたのは、穴吊りにされた3人のキリシタンのうめき声でした。

「お前が転ぶといえばあの人たちは穴から引き揚げられる。苦しみから救われる。それなのにお前は転ぼうとはせぬ。お前は彼等のために教会を裏切ることが怖ろしいからだ。このわしのように教会の汚点となるのが怖ろしいからだ」とフェレイラは問い詰めます。

「転ぶ」とは棄教のこと。フェレイラも同じように農民たちが穴吊りにされ、自分が棄教しなければ彼らの地獄は続くと脅されたのでした。

『沈黙』に見る価値観の相対性

目の前に苦しんでいる人がいて、その命を助けることを放棄するほど守らなければいけない教えとは何か。イエスはつねに目の前の人々を助けることを実践してきました。

かつてパリサイ派と呼ばれる宗教集団がいて、教義や律法に忠実なものこそが救われると説きました。それゆえ、彼らはたとえ目の前に病み苦しんでいる患者がいても、安息日である日曜日にはけっして治療をしません。しかしそのような状況で、イエスは進んで苦しむ人を助けます。

また姦淫した女が集団で石を投げて殺されそうになると、「汝の中で罪を犯したことのないものだけが石を投げよ」と群衆に問いかけます。彼は人間が弱い生き物であり、誰もが間違いを犯す罪深い存在であることを知っていたのです。

原理原則に縛られた教条主義的なパリサイ派のやり方は、けっして神の意向に沿うものではない。他人を自分のように愛し、助けること。「愛」の実践こそが神に報いることだとイエスは説いたのです。目の前の地獄の苦しみに堕ちている人から目をそらし、棄教を拒むのは「愛」の行為だといえるでしょうか。頑なに棄教を拒むのは、それこそ原理原則主義のパリサイ派と同じではないのか。

神を信じてその教えにしたがうことと、愛の実践との葛藤。神を信じ殉教した人たちにも、あるいは棄教した人たちにもそれぞれに重い物語がある。それらのドラマが集積して私たちに語りかけてきます。否応なく突きつけられる歴史と問いかけの迫力に、圧倒される小説でした。

キリスト教を客観的に見ようとしていた高校時代

中学時代にキリスト教へ傾倒しながら、高校に入学すると今度は逆にマルクス主義、無神論に傾倒していきます。一時期は、日本社会党の青年組織である日本社会主義青年同盟（社青同）のメンバーだったこともあります。

自然科学的で合理的な考え方が一般的になる近代以前、宗教は為政者や支配者たちに都合よく利用されてきました。神の意志に背くと地獄に堕ち苦しむことになると脅し、絶対的な神に従わせ、その権威と威光を笠に着ることで支配を容易にしてきた。こうしたことから、マルクスは「宗教はアヘンである」と断定したわけです。

神という絶対的な存在を掲げることで人は判断停止に陥り、何でも受け入れてしまう。天国と地獄の存在が強調され、天動説がまかり通り、天変地異などの自然現象もすべて神の怒りによって引き起こされると考える。

現代の私たちからすれば荒唐無稽に見えるかもしれませんが、科学の発達していない時代にはあらゆる自然現象が神の意志の表れであり、それを鎮めるには神にひたすら祈ることが一番だと考える。これ自体は荒唐無稽でも何でもないのです。

ところが、コペルニクスやケプラーによって宇宙の仕組みが科学的に説明されると、地球は中心ではなく、太陽の周りをまわる惑星であることも判明しました。天動説は間違っていて地動説こそが合理的で科学的な真理とされるようになったのです。

世界には天と地という概念がなくなってしまいました。地球が丸いのであれば地球の反対側は上下がさかさま。すると天国と地獄という存在も怪しくなってきます。

科学の進歩のおかげで、それまで神が存在していた場所がどんどんと狭められていきました。もしかすると神は存在しないのではないか、宗教とは人間の迷妄がつくり出した壮大な虚構、フィクションなのではないかという考え方が出てきます。

宗教と資本主義は人類に幸福をもたらしたのか

マルクスは、宗教はまさに近代以前の人間の迷妄がつくり出した虚構であり、それによって人間はますます非合理的な思考に落ちていくと批判しました。神を絶対化することで、自ら思考し行動することをやめてしまう。

アヘンである宗教の迷妄から人間は解放されなければならない。マルクスはそう主張します。ただし、彼はそこで終わりません。では宗教を主役の座から引きずり下ろした近代の科学と、それにともなって生まれた産業革命は何を生み出したか。

お金という一見万能な価値をつくり出し、それを拡大再生産することによって増殖させる「資本主義経済」という仕組みをつくり出します。そのなかで、商品を生産する機械や工場、労働者を所有する資本家と、それらの生産手段をもたない労働者階級が誕生します。

マルクスが生きていた19世紀は宗教的権威が失墜するなかで、新興ブルジョア階級が勃興し、民主主義と自由主義の萌芽が生まれた激動の時代でした。その変化と混乱のうちに資本主義はむくむくと成長していきます。資本家が莫大な富を手にする一方、そこで働く労働者たちは搾取され絶望的な貧困にあえぐようになります。

マルクスは宗教と同じように、資本主義もまた人間の迷妄の産物だととらえます。近代合理主義の時代になったものの、神のいない世界で人は欲望の赴くまま自分の利益のみを追求するようになってしまった。人間の動物的な部分がむしろ神や宗教のタガを外されて、むき出しになったのです。

彼は近代の迷妄もまた乗り越えなければならないと説きます。そしてそれによって真に合理的で理性的な社会が誕生すると考えた。それがすなわち特権階級のない、すべての人が平等な共産主義社会であると考えたのです。競争のない社会になれば、人は欲望に取りつかれることもなく、理性的な人格に陶冶されるはずだ……。

そのためには、まず資本の論理を解き明かし、それを隠しごまかそうとするあらゆる迷妄や虚構を取り払わなければなりません。

労働者、従業員の賃金がつねに抑えられるカラクリ

マルクスはお金のもつ意味や力を論証しながら、資本家がますます裕福になり、労働者がどんどん貧しくなる基本的な構造を解き明かします。彼は、労働が商品化していることに気がつきます。こういうところに目をつけるのが天才の天才たるゆえんでしょう。

どういうことかというと、資本家の下で従業員として働くということは、労働力を商品として売っているということです。たとえば木を加工して椅子をつくるとしましょう。資本家は工場という場を提供するとともに、原材料となる木材や釘、塗料などを購入し、同時にノコギリや金づちなどの道具をそろえます。

ただし、それだけでは製品はつくれません。組み立てて加工する労働力が必要で、それには労働者を雇って賃金を支払い働いてもらわなければなりません。

さて、資本家が利益をあげるうえでまず考えることは何でしょうか。それは原価をできるだけ低く抑えることです。木材や釘、塗料などの材料費、それから使う道具も含めて、できるだけコストを抑えようとします。

この中に労働者に払う賃金も入ってくる。ここがポイントです。資本家にとって労働者に支払う賃金はあくまでコストであって、それは他の材料費と同じく、原価を下げるために、つねに低く抑えられるべき種類のものなのです。

労働者の賃金は利益の分配だと勘違いしている人が多いのですが、それは間違いです。資本家が利益を分配するのは他の役員や株主との間だけです。では従業員、労働者はどういう存在かといえば、資本家がお金を支払って購入した労働力という「商品」にすぎません。木材や釘、塗料、それから工作道具や機械と同じなのです。

つまりコスト削減を最優先課題だとする資本家は、たとえ利益があがったとしてもそれを労働者に還元することはありません。いや、かつてはベースアップがあったし、ボーナスで還元もあったはずだという声が聞こえます。しかしそれは労働者が団結して組合をつくり、賃金闘争を行ったことの結果です。

資本家も妥協することで労働者を取り込み、階級的な闘争に発展させないようにしただけのこと。けっして利益分配をしたのではなく、ちょっとした修正であり、労働力が商品であるという基本構造は変わっていないのです。その証拠に、労働組合の力が落ちた最近では、ベースアップも賞与も一気に抑えられました。

こうした事実を見ても、マルクスが喝破したことが正しいことがわかるでしょう。彼は資本家と労働者の格差が開くことにより、やがて不満をもった労働者階級による社会革命が起こり、資本主義は終焉を迎えるという青写真を描きました。しかし、実際の歴史はもっと複雑に流れているようです。

自分こそ正しいと考えた瞬間に思考は停止する

少し話が飛びました。高校生になってマルクスの『資本論』などの著作に触れ、社青同に一時参加するなどしてマルクス主義の本格的な洗礼を受けた私は、中学生までのキリスト教への傾倒や関心から一転、大きく無神論へと傾いていきます。

社会の矛盾や現実は古い宗教とその教えだけでは解釈もできなければ解決もできない。若いころは、世界を認識し再構成する理論的な道具、武器を欲しがるものです。私には、その武器としてキリスト教よりマルクス主義のほうがはるかに魅力的に見えたのです。

大学受験を前提にした高校の勉強が次第に面白くなっていきました。そこには受験勉強から逃げたいという心情と、社会問題に主体的にかかわりたいという心情が混在していたように思います。

そんなときに出会ったのが浦和高校で倫理・社会を教えていた堀江六郎先生です。カトリック教徒で東京大学文学部と大学院で倫理学を専攻していた先生は、私の問題意識をしっかり受け止めてくれました。

そして米国の神学者であるラインホルト・ニーバーの『光の子と闇の子（The Children of Light and the Children of Darkness）』を英文で読む授業を行ってくれました。その詳細な英語の解説と哲学や神学についての丁寧な解説は、私の目を大いに開かせてくれました。

ニーバーは世界には光の子と闇の子の二つが存在するといいます。これは新約聖書「ルカによる福音書」16章8節に書かれたイエスの言葉に由来します。

「この世の子らは、自分の仲間に対して、光の子らより賢くふるまっている」

光の子とはニーバーによれば民主主義や共産主義の思想であり、闇の子とはナチスのような悪である。闇の子は一見すると光の子らより賢く見えます。それは、闇の子は自分を正義だとか絶対的に正しいとは思っていないからです。

一方、光の子は悪に対抗するために力を必要とします。すると、えてして自己絶対化が始まる。堀江先生の言葉が印象に残っています。

「光の子に欠けているのは、人間の罪に対する認識です。パウロが述べている『わたしは自分の望む善は行わず、望まない悪を行っている』という根源的な反省を欠いているのです。人間の罪について無自覚な社会改革の思想は、必ず悪政をもたらします」

たしかに自分が正しいと確信している人ほど傲慢になり、ときに暴力を振るいます。私は先生の言葉によって、徐々に考え方が変化していきました。社会問題に対するキリスト教徒の無自覚も罪ではあるが、もしかすると人間を絶対化し、自分たちの考え方が正しいと考えがちなマルクス主義者も、同じように罪なのかもしれないと。

神は人間がつくり出したフィクションなのか

私はあらためてキリスト教とマルクス主義について徹底的に勉強したくなりました。無神論に至るにしても、キリスト教に帰依するにしても、一方からだけではなく両方からアプローチして、その葛藤を経たうえで自分の考えと態度を決めたいと思ったのです。

調べていくと、まさに神学の分野でそのような作業が行われていることがわかってきました。先のニーバーもキリスト教を単なる宗教ではなく、より社会問題と実践的に向き合うためにどう再構築するかという視点をもっています。

無神論という意味では、私は当初マルクスやフォイエルバッハの哲学に興味をもっていました。マルクスもフォイエルバッハも歴史は進化していくというヘーゲルの思想の影響を受けています。ヘーゲルの進化とはそれまで正しいとされていたものが、時代とともに矛盾が生じる。その矛盾を克服する形で新たな時代が誕生する、いわゆる正・反・合の弁証法の考え方を前提としています。

どんな物事にも内在する矛盾があり、ある時点でそれが顕在化する。その葛藤を経ながらやがて新しい局面へと移行し、新しい価値や価値観をつくり出していく。たしかに封建的な中世の世界は、商業や科学の発達によって矛盾が顕在化し、近代へと移り変わります。近代もさまざまな矛盾と変化により社会主義、共産主義社会の理想が生まれました。

すると、あらゆる価値も歴史も絶対的なものではなく、つねに変化するダイナミックな運動だと考えられます。そして、その運動に主体的にかかわることが人間の歴史だというわけです。そこでは、中世的な「絶対的で不変の神」などというものは存在しません。

では、それまで神とされてきた存在は何なのか。マルクスもフォイエルバッハも神は人間の感性や感情によってつくり出されたものだと指摘します。マルクスはその著書『ヘーゲル法哲学批判序説』において、「反宗教的批判の根本は、人間が神をつくるのであって、宗教が人間をつくるのではない、ということである。たしかに宗教は、人間が人間らしい生き方をまだしていないか、もうできなくなっている場合の自己意識であり自己感情である」と明快に述べています。

マルクスは人間の迷妄が神をつくり、その神がさらに人間の迷妄を引き起こすと批判します。まずその神から、すなわち宗教から解放されることが重要課題だということです。

神学の深さと面白さを再確認する

大学受験の際、同志社大学の神学部では他大学の神学部とは異なり、牧師や神父からの推薦状や洗礼の有無に関係なく受験できること、さらに無神論や宗教批判に関する研究もできることがわかりました。

筆記試験を受け、その後で面接官に「同志社大学で何を学びたいか」と聞かれ、私は「マルクスやフォイエルバッハの無神論を学びたい」と話しました。そしてラインホルト・ニーバーの『光の子と闇の子』に感銘を受けたことも話しました。私が退出する際、面接を担当した教授は「ほかの大学に受かっても、ぜひうちに来てください。きっと面白いと思いますよ」といってくれました。

実際、同志社大学の神学部に入学すると、自由な校風で面白い教授ばかりでした。そこで私はシュライエルマッハーやカール・バルト、フロマートカという私のその後から現在に至るまでを決定づける神学者に出会います。

まずシュライエルマッハーは、18世紀の終わりから19世紀にかけて活躍したドイツの神学者です。近代になり合理的な知性や科学主義が広がるなか、神の居場所が次第になくなってきたことは前にも触れました。彼はその著書『宗教論』で、「宗教の本質は直感と感情である」と説きました。つまり神は人々の心の中に存在するものだと規定しました。

神の存在を人間の心の中に限定すれば、近代以降の理性中心の世界観と矛盾することはありません。ただし、神は客観的な存在ではなくなり、神学は心理学と変わらないということになる。これを批判したのがスイス出身の神学者であるカール・バルトです。

バルトはシュライエルマッハーが心の中に閉じ込めた神をもう一度外に出します。実はシュライエルマッハーが唱えた神は、人間の心がつくりあげた神という点で、マルクスやフォイエルバッハが批判した神と同じ種類のものです。

バルトは人間の意識と感情に神をつくる部分があるにしても、そういう意識をもつ人間が生まれたのはどういうことかと考えます。もしかすると人間の外に神が存在していて、その力によって人間の意識と感情にその種を植えつけている、影響を与えているということも考えられるのではないか。

人間は自分の意識と感情でしか神を認知できないが、だからといって外部に神がいないという結論にはなりません。そもそも神は人間をはるかに超えた存在であるとすれば、人間の認識を超えた存在であると考えても矛盾はしません。

神学とキリスト教を救った「弁証法神学」

バルトのいうところの外部の神は、中世的な上とか外部ではありません。神の国が実在してそこに実際に存在するとか、そういう人間の認識で想定できるような外部ではないのです。それは人間の認知と能力を超え、人間の五感では感知できない一種抽象的な外部存在だということです。

すると神学とは、人間がけっして感知したりイメージしたりできない神を、人間の言葉で表象するという根源的な矛盾を抱えた学問になる。けっして人間が認知できない存在を、牧師や神学者は人間の言葉で表さなければならない。

バルトはこの矛盾を「不可能の可能性」という言葉で言い表します。矛盾を抱え、それを乗り越えるという意味で、彼は自分の神学を「弁証法神学」と名づけます。この弁証法神学の登場により、神学は再び現代までその命脈を保つことができたわけです。

近代の理性中心の世の中になってもキリスト教がなお思想的、哲学的な意義と価値を保ち続けることができたのは、バルトのおかげといっていいかもしれません。

私自身もバルトの著作である『ローマ書講解』や『教会教義学』の一部を読み、弁証法神学の深みに触れることができました。同時にマルクスやフォイエルバッハの無神論を乗り越えることができた。なぜならマルクスもフォイエルバッハも人間の意識と感情から生み出された神しか批判していないからです。

バルトに出会ったことで、高校時代熱中していたマルクスやフォイエルバッハが急につまらなく、色あせて見えました。バルトのほうがより本質的に神の存在を論じ、ときに根源的な宗教批判を展開していると感じたからです。

無神論の呪縛から解き放たれた私は、新しい視点でより神の存在と力というものを確信するようになりました。１９７９年12月23日、私は京都の荒神橋東詰めにある日本キリスト教会吉田教会の今井正夫牧師から洗礼を受けました。

いまにして思えば、そのときに洗礼を受けたことは私にとって適切でした。無神論に触れていない中学生のときに洗礼を受けていたら、おそらく私は高校時代にかなり深刻な宗教的挫折に直面していたはずです。一度無神論に触れ、その世界を深く探究したからこそ、その限界と矛盾を知ることができた。そののちに、あらためて神の世界に戻ってきたという経過がとても大きいのです。

実践的なフロマートカの神学

すっかり神学の世界に魅了された私の関心は、チェコの神学者であるヨゼフ・ルクル・フロマートカに向かいます。

大学の図書館で東欧の宗教事情、マルクス主義とキリスト教に関する神学書を借りようとしていたところ、旧約聖書神学の野本真也教授に「佐藤君はロマドカ（フロマートカ）を読んだことがありますか？」と聞かれたのです。

そして、「チェコの神学者ですが、マルクス主義と神学の関係を研究するには避けて通れません」と教えてくれました。さっそく借りて読んでみて、私は彼こそが私の神学者としての理想であると感じました。フロマートカは神学を言葉、心、力、行為の総合としてとらえる神学者でした。信じるということ、宗教というのは即実践であり、行動につながるものである。だから、ナチズムに対しては武装闘争も辞さないという立場でした。

第二次大戦中、フロマートカはナチスの迫害を逃れて米国に亡命し、北米に点在するチェコ人やスロバキア人を束ねて反ナチス運動を展開しました。戦後、チェコスロバキアは解放されますが、共産党の力が強まり社会主義革命が起こる気配のなか、彼は周囲の反対を押して祖国に戻ります。

彼は祖国でナチズムとの戦いを展開できず、米国から「あたかもバルコニーのうえで」眺めるしかなかった自分を悔いていました。共産主義の脅威が迫る母国で、今度こそ当事者としてその場にいる覚悟をしたのでした。目の前に選択肢がある場合、最も困難な選択をすべきだというのがプロテスタント神学者としての彼の考えでした。イエスが磔に処せられるまでの選択と行動を思い起こしたのかもしれません。

戦後、ソ連と米英が衝突する最前線となったチェコスロバキアでは、彼の帰国直後の

1948年2月、共産党によるクーデター「二月事件」が起き、完全に共産圏に帰属することになります。共産主義国家となったチェコスロバキアは、当然無神論を国是としました。そのような無神論国家においてキリスト教がどのように存在しうるのか。フロマートカは実践的にその問題に直面していくのです。1968年、チェコスロバキアはソ連軍を中心としたワルシャワ条約機構5カ国の侵攻を受けます。有名な「プラハ事件」で、このときフロマートカはソ連大使館に抗議文を送ります。

ドストエフスキー解釈に見るフロマートカの思想

私は図書館にある十数冊のフロマートカの著作をむさぼるようにして読みました。それ以外にも、各国で刊行されている神学雑誌のバックナンバーもチェックし、フロマートカ関係の論文を探しました。

そこからわかったのは、フロマートカはどうやらバルトの亜流としてしか理解されていないということです。私は違和感を覚えました。根本的にフロマートカを誤解していると思うものの、どこを間違えているのかうまく説明することができない。

そこで、私はあえて卒業論文を『ヨゼフ・ルクル・フロマートカ研究「破滅と復活」［1945］を中心に』と題して書きました。

同書で印象的なのは、彼の近代文明に対する強い危機意識です。時代の危機意識は文学に反映されると考えるフロマートカは、自殺したシュテファン・ツヴァイクに言及します。

彼は多くの点に於いて、文明の創造的成熟の絶頂にある欧洲の知的階級を代表している。そして彼の死は現代文明がもつ内面的疲労と精神的空虚と生命の枯渇を表現している。

（ジョセフ・ロマデカ［土山牧羔訳］『破滅と再建』創元社）

フロマートカはまた、その著書『神学入門　プロテスタント神学の転換点』で、ドストエフスキーに言及しています。ドストエフスキーは社会主義サークルに入っていたため革命思想の持ち主として1849年に逮捕され、死刑判決を受けます。ところが刑の執行直前、皇帝ニコライ1世の特赦により減刑となってシベリアに送られます。

シベリアでの服役中に、最も困窮にある人々、社会の最下層の人たちと接した。人間社会の底辺で落後者たちに囲まれ、神を知った。暗闇の中でキリストを目にした。この落後者たちの誰一人として落後した人物ではないことを知った。このときに新約聖書を読んだ。あとに弁舌さわやかに議論する知識人たちと接したとき、近代知識人の全くの弱さと乏しさを知った。

（『神学入門　プロテスタント神学の転換点』新教出版社）

当初は社会主義的な思想をもっていたドストエフスキーですが、死刑判決からシベリア送りになった体験を経てキリスト教に目覚めます。彼は神の存在を確信し、無神論的な知識人の暴言に対して昂然と反旗を翻します。

最も深い困窮の果てに神は現れる

フロマートカのドストエフスキー解釈は、そのまま彼のキリスト教に対するスタンスでもあります。神は最も不幸な場所、最下層の絶望の世界にこそ立ち現れるといいます。

主を認識することができるのは、罪の最も深い困窮においてのみなのである。神聖さと愛における神は、自己満足の生活に於いては知ることができず、唯一、人が罪の深みに落ちたときのみ知ることができるのである。

（前掲書より）

特に近代以降において、神が出現するとしたら、それは安逸の日々ではないとフロマートカはいいます。まして生活から遊離した神学論争的な世界でもありません。

人間は生死の淵に立ったときにのみ人間の生の究極の現実、悪魔的な力の現実、罪と罰を知り、しかしまたこのときのみ、私たちを救おうとする主の現実を知るのである。まさにこの点に於いてドストエフスキーは神学思想に影響を与えた。なぜなら、人生における断崖、深淵、教会、淵、無力、そして栄光をも明らかにし、人間が本当は何者であるか――いくら教養を積んだところで――を示したからである。

（前掲書より）

神が最も深い深淵に、神のひとり子であるイエス・キリストを派遣したというのがフロマートカの持論です。それゆえに、最も悲惨な境地にいる人が一番先に救われる。

聖書全体は人生の境界、生と死の狭間、天国と地獄の狭間にいる人間に関する解説である。救済はこうした場所で起きる。真の神学は最も高いものと最も低いもの、主の神聖さと人間のどうしようもない無力さを同時に結びつける。（前掲書より）

一見そうとは思えない場所にこそ神性が宿る

フロマートカはさらに神の出現の匿名性（インコグニト）について論及します。

キリストは世界を歩き回り、神の現存を隠す。私たちにとって神が最も近くに居合わせるキリストの中に神は常に隠され遠ざけられている。……（中略）……イエスがエルサレムに入ったとき、多くの人がイエスに夢中になったが、本質的に彼らはイエスとは遠く離れた人々であった。イエスが磔にされたとき、皆がイエスを見放した。歴史学者、哲学者、社会学者、心理学者、精神科医の誰も、自分の方法によってキリストの中にある本質を理解できない。神はインコグニトのままなのである。（前掲書）

私はフロマートカの著述を読み、心が震える喜びを感じました。フロマートカの神の中にこそ、キリストの本質があると感じたからです。神は教会の大聖堂や難しい神学の教義の中に立ち現れるわけではない。ましてや日常の安逸や快楽に現れるはずもありません。

それは最も貧しく、最も悲惨な場所、人生の絶望や虚無の深淵の中にふと立ち現れるものなのです。そしてそれは神々しい輝きを放っているのではなくそれが神とは到底思えない形で現れる。それは病人であるかもしれないし、路上生活者であるかもしれない。死刑を言い渡された犯罪人であるかもしれない……。

私は洗礼を受けたあと、キリスト教徒としての立場を疑ったり、信念が揺らいだりしたことは一度たりともありません。それはこれまで私が歩んできたなかで出会った人たち、先人たちのさまざまな知恵——たくさんの小説や哲学書、神学書、それらを紹介してくれた人たち——に支えられていることはいうまでもありません。

●『先生と私』（佐藤優／幻冬舎文庫）

●『塩狩峠』（三浦綾子／新潮文庫）

●『沈黙』（遠藤周作／新潮文庫）

●『新版 光の子と闇の子――デモクラシーの批判と擁護』（ラインホールド・ニーバー／晶文社）

●『ユダヤ人問題によせて ヘーゲル法哲学批判序説』（カール・マルクス／岩波文庫）

●『宗教論――宗教を軽んずる教養人への講話』（シュライエルマッハー／筑摩叢書）

●『ローマ書講解（上・下）』（カール・バルト／平凡社ライブラリー）

●『教会教義学』（カール・バルト／新教出版社）

●『破滅と再建』（ジョセフ・ロマデカ／創元社）

●『神学入門：プロテスタント神学の転換点』（ヨゼフ・ルクル フロマートカ／新教出版社）

青春新書
INTELLIGENCE

こころ涌き立つ「知」の冒険

いまを生きる

"青春新書"は昭和三一年に――若い日に常にあなたの心の友として、その糧となり実になる多様な知恵が、生きる指標として勇気と力になり、すぐに役立つ――をモットーに創刊された。

そして昭和三八年、新しい時代の気運の中で、新書"プレイブックス"にその役目のバトンを渡した。「人生を自由自在に活動《プレイ》する」のキャッチコピーのもと――すべてのうっ積を吹きとばし、自由闊達な活動力を培養し、勇気と自信を生み出す最も楽しいシリーズ――となった。

いまや、私たちはバブル経済崩壊後の混沌とした価値観のただ中にいる。その価値観は常に未曾有の変貌を見せ、社会は少子高齢化し、地球規模の環境問題等は解決の兆しを見せない。私たちはあらゆる不安と懐疑に対峙している。

本シリーズ"青春新書インテリジェンス"はまさに、この時代の欲求によってプレイブックスから分化・刊行された。それは即ち、「心の中に自らの青春の輝きを失わない旺盛な知力、活力への欲求」に他ならない。応えるべきキャッチコピーは「こころ涌き立つ"知"の冒険」である。

予測のつかない時代にあって、一人ひとりの足元を照らし出すシリーズでありたいと願う。青春出版社は本年創業五〇周年を迎えた。これはひとえに長年に亘る多くの読者の熱いご支持の賜物である。社員一同深く感謝し、より一層世の中に希望と勇気の明るい光を放つ書籍を出版すべく、鋭意志すものである。

平成一七年

刊行者　小澤源太郎

著者紹介

佐藤 優〈さとう まさる〉
1960年東京都生まれ。作家、元外務省主任分析官。85年、同志社大学大学院神学研究科修了。外務省に入省し、在ロシア連邦日本国大使館に勤務。その後、本省国際情報局分析第一課で、主任分析官として対ロシア外交の最前線で活躍。2002年、背任と偽計業務妨害容疑で逮捕、起訴され、09年6月有罪確定。現在は執筆や講演、寄稿などを通して積極的な言論活動を展開している。

人《ひと》をつくる読書術《どくしょじゅつ》

青春新書
INTELLIGENCE

2019年2月15日 第1刷
2019年3月10日 第3刷

著者 佐《さ》藤《とう》 優《まさる》

発行者 小澤源太郎

責任編集 株式会社プライム涌光
電話 編集部 03(3203)2850

発行所 東京都新宿区若松町12番1号 〒162-0056 株式会社青春出版社
電話 営業部 03(3207)1916 振替番号 00190-7-98602

印刷・中央精版印刷 製本・ナショナル製本

ISBN978-4-413-04563-6

こころ涌き立つ「知」の冒険！

青春新書 INTELLIGENCE

なぜか、やる気がそがれる問題な職場	見波利幸	PI・554
中学単語でここまで通じる！英会話〈ネイティブ流〉使い回しの100単語	デイビッド・セイン	PI・555
江戸の「水路」でたどる！水の都 東京の歴史散歩	中江克己	PI・556
政権を支えた仕事師たちの才覚 官房長官と幹事長	橋本五郎	PI・557
ジェフ・ベゾス 未来と手を組む言葉	武井一巳	PI・558
【最新版】「うつ」は食べ物が原因だった！	溝口 徹	PI・559
日本一相続を扱う行政書士が教える 子どもを幸せにする遺言書	倉敷昭久	PI・560
ネット断ち 毎日の「つながらない1時間」が知性を育む	齋藤 孝	PI・561
ドイツ人はなぜ、年290万円でも生活が「豊か」なのか	熊谷 徹	PI・562
人をつくる読書術	佐藤 優	PI・563
※以下続刊		

お願い ページわりの関係からここでは一部の既刊本しか掲載してありません。折り込みの出版案内もご参考にご覧ください。